# 지정환 신부

## 임실치즈와 무지개 가족의 신화

박선영 지음

명인문화사

# 지정환 신부
## 임실치즈와 무지개 가족의 신화

**제1쇄 펴낸 날** 2014년 11월 28일
**제2쇄 펴낸 날** 2017년 10월 20일

**지은이** 박선영
**펴낸이** 박선영
**주 간** 김계동
**디자인** 정은영, 현서영
**교 정** 이재은
**펴낸곳** 명인문화사

**등 록** 제2005-77호(2005.11.10)
**주 소** 서울시 송파구 백제고분로 36가길 15 미주빌딩 202호
**이메일** myunginbooks@hanmail.net
**전 화** 02)416-3059
**팩 스** 02)417-3095

ISBN  978-89-92803-76-2
**가 격** 12,000원

ⓒ 명인문화사

## 차례

서문 6

### 1. 나는 정의가 빛날 때까지 외치는 '지정환'이다 ······ 10
'3공악'의 추방을 외친 벨기에 신부 13
진실을 알리기 위한 하나의 보탬 19
추방대상자 외국인! 독재정권이 그를 풀어주다 26

### 2. 한국을 품은 벨기에 신부 ······ 32
우편배달부를 꿈꾸던 벨기에 귀족 출신 소년 36
극장 속에서 경험한 한국전쟁, 마음속에 한국을 생각하다 40
사제가 된 소년 41
한국? 그래 한국이다! 45

### 3. 가난에서 희망을 개척하다 ······ 52
천주교의 신앙지 전주에서 '지정환' 이름을 얻다 55
뚝딱뚝딱 신부 개척지를 만들다 60
간척 사업과 바꾼 건강 69

## 4. 운명의 땅 임실로 향하다 ······ 76
두 번째 운명의 만남 임실　　79
천형의 자연을 천혜의 자원으로　　88

## 5. 코쟁이 신부의 임실치즈 도전기 ······ 96
서양 두부에의 도전　　99
치즈공장의 설립과 계속된 실패　　109
치즈의 노하우를 찾아서: 공산당원의 비밀노트　　119

## 6. 치즈를 만드는 신부 ······ 126
남은 자들의 동요, 약속을 지킨 이들의 희망　　129
남은 자와 신부의 꿈: 유럽형 치즈를 탄생시키다　　134
정환치즈와 체더치즈의 탄생　　140

## 7. 치즈 기술자에서 치즈 세일즈맨이 된 사제 ······ 148
이번엔 치즈 세일즈이다!　　151
끊임없는 호텔 납품으로의 두드림　　157
입소문을 탄 임실치즈, 개혁을 시작하다　　161

## 8. 치즈 신부, 치즈 영역을 확대시키다 ······ 168
거대 기업으로부터 지킨 자존심　　171
모차렐라치즈 그게 뭐요?　　178
대기업들과의 공존: 지방 세력의 승리　　188

## 9. 치즈와 바꾼 건강, 새로운 곳으로 눈을 돌리다 ········· 192
다발성신경경화증의 발병 195
치즈 신부, 장애인 사목 지도신부로 거듭나다 204
장애인들의 영원한 아버지 212

## 10. 지정환 신부의 빈자리, 임실치즈의 독립 ············· 226
임실치즈, 혹독한 독립기 229
독립한 임실치즈의 성장기 235
지정환임실치즈피자의 탄생 243
나는 성직자일 뿐 …… 252

## 11. 내 얼굴은 외국인, 하지만 난 한국인 ·········· 260
장학재단의 설립 263
나의 고향은 한국입니다 269

지은이 소개 280

# 서문

 가을바람이 스산하게 불던 2013년 10월 어느 날 오랜만에 전북 완주군 소양면 해월리 '별 아래'라는 이름의 집에 살고 있는 지정환 신부에게 전화를 걸었다. 지 신부를 처음 만난 건 약 7년 전, 전북 임실에서 생산되는 '임실치즈'가 한국에서 자체로 생산, 가공, 유통된 첫 치즈이며, 벨기에에서 온 외국인 신부와 지역 주민들이 만들어낸 지역 특산품이라는 호기심에 취재를 시작하면서 였다.

 7년 전 처음 연락을 했을 때 "여보세요"라는 활기찬 목소리와 7년이 지난 2013년 가을에 들은 "여보세요"는 언제나 똑같이 듣는 사람의 마음을 열게 만드는 마법과 같은 목소리이다. 그의 목소리에는 마치 365일 언제나 찾아가도 반겨줄 것 같은 그런 포근함이 있다.

 그가 바로 디디에 세스테벤스(Didier t'Serstevens), 한국 이름 지정환 신부이다. 그는 1953년 한국전쟁이 끝나고, 피폐해질 대로 피폐해진 한국 땅에 1959년 12월 사제의 신분으로 온 후 55년째 한국인들과 함께 하고 있다.

그는 전라북도 부안에서 주임신부로 지내며 주민들과 간척사업을 하였고, 이 때 건강이 나빠져 쓸개 제거 수술을 받은 후 1964년 임실성당의 주임신부가 되었다. 산이 많고 지대가 높아 농업을 하기에 턱없이 부족한 환경이었던 임실은 지정환 신부로 인해 산양을 키우고, 그 산양유로 치즈를 생산하기 시작하였다.

임실치즈는 치즈의 '치'자도 생소하던 시절 한국에서 순수하게 생산해 낸 국내산 제1호 치즈이다. 단순히 치즈 생산에 그치지 않고, 판로를 확대하고, 산양에서 젖소로 바꾸며 여러 종류의 치즈상품도 만들어 냈다. 1981년까지 지정환 신부는 약 20년 동안 임실 농민들과 함께 치즈를 만들어냈고, 임실 지역 특산품으로 성장시켰다.

하지만 1981년 지정환 신부는 다발성신경경화증이란 병을 얻게 되었고, 이를 계기로 모든 것을 임실 주민들에게 넘겨주고, 치료를 받기 위해 벨기에로 갔다. 지 신부의 부재로 한동안 주민들간에 우왕좌왕 시련도 많이 겪었다. 하지만 그들에게 치즈는 아버지와 같았던 지정환 신부와 함께 한 역사이자, 자랑이었기 때문에 쉽게 포기하지 않고, 계속 성장시켜 나갔다.

다발성신경경화증으로 벨기에에서 3년간 치료를 받은 지정환 신부는 1984년 오른쪽 다리가 마비된 채 다시 한국 땅을 밟았다. 장애인의 몸이 되어 돌아온 지 신부는 전라북도의 장애인 사목 신부가 되어 장애인들 스스로 일어서 사회로 나아가게 하는 '무지개가족'을 만들었다. 스스로가 장애인이지만, 중증장애인의 눈높이에서 그들과 함께 하며 장애인의 아버지로 약 20년 동안을 생활했다.

또한 2002년 호암상을 수상하고 받은 상금과 여러 비용을 모아 '무지개장학금 재단'을 설립하여 장애인 및 장애인 가족의 자녀들에게 종교 차별없이 공부할 수 있는 기회를 제공하며 또 다른 무지개를 낳고 있는 지정환 신부이다.

지정환 신부는 하느님의 사제인 성직자이다. 하지만 그의 이름 앞에는 임실치즈의 아버지, 장애인 가족의 아버지 등 여러 미사여구들이 붙는다. 1950년대 후반 한국이 너무 가난해 한국인들을 도와주고 싶다며 자청하여 온 한국이지만, 그가 한국에서 50여 년 동안 한 일들을 살펴보면 그 어떤 한국인도 할 수 없는 일들을 혼자서 해 냈다.

감동을 받을 때도 있었고, 감동을 줄 때도 있었으며, 뜻하지 않은 오해도 받고, 자괴감이 들 때도 많았다. 하지만 그는 늘 언제나 한결같다.

"난 사제입니다. 어떤 이익이나 보상을 바라고, 욕심을 가졌다면 제가 어떻게 그런 일들을 할 수 있었겠습니까?"

"다음에 태어나면 지금 너무나도 힘든 아프리카로 가고 싶습니다. 아프리카로 가서 그 곳 사람들에게도 희망을 전해주고 싶어요. 그렇다고 한국에 온 것을 후회하진 않습니다. 한국에서의 모든 일을 되돌아보면 내 스스로에게도 잘했다라는 말을 해 주고 싶습니다."

사람들은 저마다 다르게 태어나고, 각기 다른 사연들을 간직한 채 살아간다. 하지만 장애의 유무, 사회적 지위, 빈부의 격차를 떠나 사람들이 가져야 하는 권리가 있다. 그러나 모르고 지나치거나 삶이 너무 괴로워 포기하는 사람들이 많다. 지정환 신부는 바로 이들에게 세상으로 나아갈 힘, 사람과 더불어 살 수 있도록 하는 힘, 스스로의 삶을 개척할 수 있도록 돕는 일을 해 온 것이다.

희망은 또 다른 희망을 낳는다. 희망 바이러스를 선사하는 지정환 신부. 대한민국이 이제 그에게 희망과 감사의 인사를 전할 때이다.

마지막으로 지정환 신부 스토리를 처음 들려 주고 원고에 대해 평을 해 주신 연세대 김계동 교수님께 감사드린다.

지정환 신부님의 이야기를 통해 누군가의 마음이 따뜻해지길 바라며.

**박선영**

# 01

나는 정의가 빛날 때까지 외치는 '지정환'이다

'3공악'의 추방을 외친 벨기에 신부
진실을 알리기 위한 하나의 보탬
추방대상자 외국인! 독재정권이 그를 풀어주다

# 나는
# 정의가
# 빛날 때까지
# 외치는
# '지정환'이다

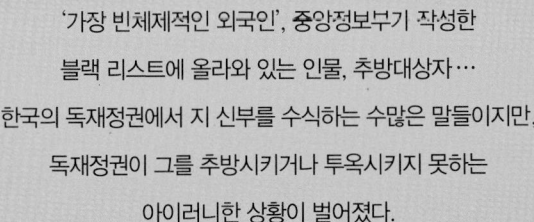

'가장 빈체제적인 외국인', 중앙정보부기 작성한
블랙 리스트에 올라와 있는 인물, 추방대상자…
한국의 독재정권에서 지 신부를 수식하는 수많은 말들이지만,
독재정권이 그를 추방시키거나 투옥시키지 못하는
아이러니한 상황이 벌어졌다.

"어제 데모에 가담한 놈들이 누구야?"

"각하! 어제 가담한 사람 중에 지정환이라는 외국인 신부가 있습니다."

"뭐하는 사람인데?"

"전라북도 임실에서 주민들과 치즈를 생산하고, 신용협동조합을 만들어 임실농민들과 함께 하고 있는 신부입니다. 추방대상자로 올라가 있는데 벨기에로 추방할까요?"

"그래? 지정환? 임실? 치즈? 음… 그냥 풀어주고 임실로 다시 보내!"

지정환 벨기에 신부, 전라도에서 가장 가난하기로 유명했던 시골 마을 임실에서 주민들과 치즈를 만들며 지역 발전과 주민의 삶을 윤택하게 한 외국인 신부, 이러한 그의 수식어는 1970년대에 절대권력을 가지며 정치 사회적인 탄압을 하던 박정희 대통령도 현대화라는 말에 민주화 투쟁으로 잡혀온 지정환을 추방하지도, 감옥에 가두지도 못하고 풀어주었다.

한국을 사랑한 외국인 신부, 신용협동조합, 임실치즈공장. 1970년대 산업화와 독재정권, 탄압, 투쟁 등 대한민국의 70년대 모습에 지정환이라는 외국인 신부가 그렇게 투영되고 있었다.

## '3공악'의 추방을 외친 벨기에 신부

1970년대 초 한국은 박정희 독재정권에 대항하는 민주주의 투쟁이 한창이었다. 박정희는 1961년 5월 16일 5·16 쿠데타를 통해 정권을 장악한 이후 1963년 선거를 통해 3공화국의 대통령으로 당선되었다. 이 당시 대통령은 연임밖에 되지 않는 헌법에 대하여 1969년 3선 개헌안을 통해 1971년 세 번째 대통령 출마를 할 수 있는 법적 근거를 마련하며 대통령으로 당선되었다.

군사쿠데타로 정권을 장악하고, 자신의 권력을 유지하기 위해 반대세력과 반대 목소리에 대하여 거침없는 핍박을 계속하는 박정희에 대하여 국민들의 반발감은 고조되고 있었다. 국민들의 저항에도 불구하고 박정희는 자신의 독재를 지

속하기 위해 1972년 10월 유신헌법을 통과시키며 1인 독재 체제를 강화하는 제4공화국을 출범시켰다.

유신헌법은 대통령이 국민의 투표가 아니라 통일주체국민회의를 통해 선출된다는 점을 골자로 했다. 그러나 사실상 유신헌법은 박정희 대통령의 장기 집권을 위한 개헌이었고, 국민의 기본권을 침해하고 국가의 전체적인 권력 구조에 있어 대통령의 권한을 비대화시킴으로써 독재를 공고히 하기 위한 수단이었다.

유신헌법으로 학생과 지식인 등 민주 시민 세력의 반발은 극에 달하였다. 그리고 천주교와 기독교 등 종교 단체들도 독재 정권에 대한 저항에 함께 했다.

특히 백기완, 장준하 등 개헌을 위한 백만인 서명이 전개되고, 사회 각계에서 광범위한 유신 반대 운동이 일어났다. 1973년 4월 민청학련(전국민주청년학생총연맹) 관련 활동에 엄단조치를 하겠다는 대통령 긴급 4호가 발표되었다. 그리고 유신반대 투쟁을 주도했던 학생, 지식인층 등 1,024명이 반국가 단체를 조직해 국가반란, 공산혁명, 무력 혁명을 추구했다는 조사를 받았다. 이 중 253명이 국가보안법 위반, 국가 내란 예비 음모, 긴급조치 위반 혐의로 모두 구속되었다. 하지만 긴급조치 4호는 관련자들을 사형에 처할 수 있었다. 게다가 조사를 받던 시인 김지하는 자신의 활동이 북한과는 아무 관련이 없다는 것을 증명하기 위해 그 돈의 출처가 평소 가깝게 지내던 지학순 주교라고 밝혔다. 이에 지학순 주교에게 내란 선동, 긴급조치 위반 혐의가 씌워졌다.

해외에 있었던 지학순 주교는 한국에서 일어나고 있는 민청학련 사건에 대하여 진실을 밝혀 그들의 목숨을 구해내야 한다는 결심을 하고, 귀국을 했다. 그리고 김포공항에서 바로 체포되었다.

귀국하던 지학순 주교의 행방이 묘연해졌다는 사실은 곧 원주교구에 알려졌고, 다시 김수환 추기경에게 보고되었다. 한국 천주교는 그의 석방을 위해 모든 노력을 기울였고, 그는 며칠 후 중앙정보부에서 풀려나올 수 있었다.

그러나 석방된 지학순 주교는 침묵하지 않았다. 비상군법회의에 출두하라는 소환장을 전달받은 그는 1974년 7월 23일 "유신헌법은 민주 헌정을 파괴하고 국민의 의도와는 전혀 관계없이 폭력과 공갈과 국민투표라는 사기극에 의하여 조작된 것이기 때문에 무효이고 진리에 반대되는 것"이라는 내용의 양심 선언문을 발표하였다. 이는 천주교 고위 성직자로서는 처음으로 유신 체제에 대한 반대 입장을 분명히 밝힌 것으로, 당시 사회적으로 큰 파장을 불러일으켰다. 그는 그 길로 명동성당으로 가서 미사를 집전하고, 곧바로 중앙정보부로 다시 연행되었다.

지학순 주교의 구속은 이전까지 대체로 보수적이던 한국 천주교를 민주화의 열기로 들끓게 만들었다. 7월 25일 열린 주교회의에서는 지 주교의 고통에 동참하기로 뜻을 모았고, 같은 날 명동성당에서는 벨기에와 프랑스 대사까지 참석한 가운데 시국 미사가 열렸다. 뒤이어 원주교구의 신현봉·노세현·이영섭 신부가 강제 연행되었고, 지학순 주교는 8월 12일 3차 공판에서 징역 15년, 자격 정지 15년을 선고받고 법정 구속되었다.

성직자는 시대를 초월하는 성스러운 임무를 가진 사람이지만, 동시에 시대의 아픔을 어루만지고 그 아픔에 동참해야 하는 사명을 외면할 수 없는 사람이기도 하다. 하필이면 대한민국의 격동기에 한국인들의 신부로 살아야 했던 지정환 신부 역시 예외는 아니었다.

지 신부는 이 격동의 시대에 성직자로서 자신이 마땅히 해야 할 일을 찾기 시작했다. 그는 서슬 퍼런 독재 정권의 칼날보다 자신에게 양심을 주신 하느님이 두려웠다. 신념에 명백히 어긋나는 불의 앞에서 차마 침묵을 지킬 수는 없었다.

언제나 그랬듯이 민주화운동에 있어서도 지정환 신부에게 '대충'은 없었다. 그는 지금 한국에서 벌어지고 있는 불의에 대해 더 이상 침묵하지 않기로 했고, 일단 하기로 결심한 이상 철저히 싸울 각오가 되어 있었다.

지 신부는 본격적인 반정부 활동을 시작하기에 앞서 벨기에 대사를 찾아갔다.

"제가 앞으로 한국 정부로부터 박해를 받거나 구속이 되더라도 절대 대사관 차원에서 접근하지 마십시오. 저는 벨기에인이 아니라 한국 신부로서 활동하는 겁니다."

의지가 확고했던 만큼 민주화운동에 참여한 초기부터 그의 활동은 수위가 높았다.

"한국에서는 3공악(惡)을 없애야 합니다. 공화당, 공산당, 공해!"

1974년 8월 임실면의 운수파출소에서 파출소장 및 임실경찰서 정보과장과 동석한 자리에서 그가 했던 말이다. 공화당은 당시의 집권당이었고, 그 발언은 명백히 반체제적인 것이었다.

하지만 지정환 신부의 발언은 거기서 그치지 않았다.

"지학순 주교는 학생들이 하는 일이 옳다고 생각했기 때문에 도운 것입니다. 그분은 현 정권을 반대하는 것이지, 국가 자체를 반대하는 것이 결코 아닙니다. 그리고 저 역시 그분의 생각에 전적으로 동감합니다."

동네 술집에 앉아 술기운에 했다고 하더라도 당장 파출소로 끌려가고도 남을 말이었다. 그런데 그런 발언을 버젓이

파출소에 앉아서, 그것도 파출소장과 경찰서 정보과장 앞에서 하다니……. 당시 그의 각오가 어떠했는지를 미뤄 짐작할 수 있다.

그리고 같은 해 9월 그는 도(道) 단위 기관장들이 당시 전주교구 원로급 신부들과 벌이는 친선 테니스 경기 장소에 찾아가 다음과 같이 외쳤다.

"나는 정의가 환히 빛날 때까지 지랄하는 지정환이다. 지학순 주교를 석방하고 나를 잡아 가둬라!"

임실에서 치즈를 만들면서 신용협동조합을 설립한 치즈 기술자 신부가 말 그대로 '운동가'로서 세상에 나서는 순간이었다.

당시 한국 천주교에서 지학순 주교의 구속은 박정희 정권이 천주교를 상대로 전쟁을 선포한 것이라는 공감대가 형성되어 있었다. 더욱이 그가 여타 다른 실정법을 위반한 것이 아니라 다른 사람들의 인권과 생명을 지키기 위해 싸우다 투옥된 것이었으므로 투쟁의 명분은 보다 분명했다.

## 진실을 알리기 위한 하나의 보탬

천주교는 기독교와 공동으로 명동성당과 서울기독교회관에서 지 주교의 석방을 촉구하는 기도회를 열었다. 그런데 서울기독교회관에서 열린 기도회 도중 미국인 선교사인 조지 오글(George Ogle) 목사가 인혁당 사건에 대한 글을 발표하는 일이 일어났다.

인혁당(인민혁명당 재건위) 사건은 1975년 민청학련의 배후에 인혁당 재건위가 있고, 민청학련의 국가전복을 지휘했다고 발표하자 인혁당 관계자들을 잡아들여 처형한 사건이다. 관련자들은 군법회의에서 21명 중 8명 사형선고, 7명 무기징역, 6명 징역 20년을 선고받았다. 그리고 대법원에서 상고가 기각된 지 18시간 만에 도예종을 비롯한 8명의 사형선고자들을 처형했다.

하지만 2002년 9월 의문사진상규명위원회에서는 인혁당 재건위 사건을 고문과 피의자 신문조서 및 진술조서 위조 등을 통한 당시 정부의 조작극이었다고 결론지었다.

국가정보원 과거사위원회의 발표 역시 다르지 않았다. 당시 중앙정보부의 발표와는 달리 인혁당은 당 수준에 이르지 못한 서클 형태에 불과했고, 인혁당 재건위 관련자들이 북한 방송을 듣고 녹취한 노트를 돌려본 것 등은 아무리 엄격하게 반공법을 적용한다 해도 징역 1~2년에 불과한 사안이었다.

이는 학생들의 민주화운동을 억압하기 위한 명백한 용공조작이었고, 재판의 형식을 빌린 이른바 '사법 살인'이었다. 그리고 오글 목사는 발표문에서 바로 이 점을 분명히 밝히고 있었다.

당시 기도회에 참석하였던 지정환 신부는 오글 목사의 발표문을 들고 전주로 내려왔다. 그는 발표문을 한글로 번역한 후 이를 유포할 작정으로 평소 알고 지내던 전주의 한 인쇄업자에게 인쇄를 부탁했다.

인쇄는 곧 끝났지만, 인쇄물을 유포하기 전에 먼저 해야 할 일이 있었다. 바로 관련자 가족들의 허락을 받는 일이었다. 비상군법회의에서 관련자들에 대한 사형이 선고된 후 박정희 정권은 그 가족들에게 만약 이 문제가 크게 확대된다면 바로 사형을 집행할 수밖에 없다고 엄포를 놓고 있는 터였다.

지 신부는 가족들의 반대를 염려했지만, 그들은 오히려 의연했다.

"세상에 알려지지 않으면 더 쉽게 죽이겠지요. 신부님! 세상 사람들에게 꼭 진실을 알려 주십시오."

반정부 시위에 나선 지정환 신부

지학순 주교 구속 및 인혁당 사건과
관련한 투쟁 중 체포되는 지정환 신부

디디에 세스테벤스, 한국 이름 지정환

생각에 잠긴 지정환 신부

지 신부는 인쇄물을 전주교구장이었던 김재덕 주교의 차 트렁크에 몰래 실어 서울로 보냈다. 그리고 자신도 뒤따라 서울로 올라갈 준비를 하고 있는데, 성당의 신자인 형사가 들이닥쳤다.

"신부님! 인혁당 사건에 대한 문서가 있다면서요? 어디 저도 한 번 보십시다."

어디서 들었는지 이미 인쇄 사실을 알고 와서는 지 신부를 떠보려는 것이었다. 형사가 아니라 신자로 왔다는 둥 감언이설이 이어졌지만, 형사로서가 아니라면 그가 알아야 할 이유가 없는 일이었다.

양쪽 다 얼굴은 웃고 있으나 팽팽한 신경전이 계속되었다. 결국 포기한 형사가 성당을 나섰을 때 그가 타고 온 차 뒤로 검은색 차량 한 대가 더 세워져 있는 것이 보였다. 역시 그는 형사로 왔던 것이었다.

당장 서울로 올라간 지 신부는 정의구현사제단이 명동성당에서 미사를 드리는 동안 인쇄된 문서를 유포했다. 그리고 며칠 후 오글 목사는 이 문제로 추방 명령을 받게 되었다.

지 신부는 그때 이미 박정희 정권으로부터 오글 목사 및 양노엘 신부 등과 함께 '가장 반체제적인 외국인'으로 찍혀 있는 상태였다. 뿐만 아니라 당시 중앙정보부가 작성한 블랙리스트에도 역시 이름이 올라 있었다.

경찰이 주기적으로 성당을 방문하고 있었고, 치즈공장이며 신용협동조합이며 지 신부가 가는 곳이면 어디든 경찰이 따라붙었다.

그뿐만이 아니었다. 전화기를 들 때마다 이전에는 전혀 들어 본 적이 없는 신호음 같은 것이 들렸고, 편지에는 언제나 일정한 자리에 보일 듯 말 듯 희미한 점이 남아 있었다. 항상 그를 감시하던 형사는 전화나 편지를 통해 뭔가를 알게 되면, 그 사실을 숨기는 것이 아니라 오히려 자신이 알고 있음을 넌지시 알렸다. '알아서 조심하라'는 뜻이었을 것이다.

그렇게 알고도 모른 척하는 나날이 계속되던 어느 날이었다. 치즈공장에서 불평이 터져 나왔다.

"아이고, 신부님! 경찰들이 하도 시도 때도 없이 들이닥쳐 대니 도대체 일을 할 수가 없습니다."

지 신부야 스스로 원해서 하는 일이었으니, 자신에 대한 감시야 처음부터 체념하고 받아들이고 있던 터였다. 하지만 당장 일을 해야 치즈를 만들어 내고, 또 그래야 그 치즈를 팔아서 먹고 살 수 있는 사람들을 괴롭히다니……. 화가 머리 꼭대기까지 오른 지 신부는 그 길로 당장 경찰서로 전화를 걸었다.

"앞으로는 어디를 가든지 내가 스스로 보고하고 다니겠습니다. 읍내에 나가도 알리고 갈 테니 염려 놓으시고, 이제부터 공장 근처에는 얼씬도 하지 마십시오."

그는 어김없이 약속을 지켰다.

"나 지금 데모하러 서울 갑니다."

며칠에 한 번 꼴로 그런 전화를 받아야 했던 경찰들로서야 황당하기 짝이 없는 일이었겠지만, 그의 약속은 이후까지 계속 지켜졌다.

그렇게 자신 역시 언제 추방 명령을 받게 될지 알 수 없는 상황이었지만, 그렇다고 멈출 지정환 신부가 아니었다.

오글 목사에게 추방 명령이 떨어지고 며칠 후 지 신부는 기도회를 위해 서울로 올라갔다. 그리고 함께 올라간 문정현, 배영근 신부 등과 함께 안국동에 있던 출입국관리사무소 앞에서 시위를 벌였다.

"오글 목사 출국 명령 취소하라!"

대낮 도심의 한복판에서 키가 훌쩍 큰 외국인 신부가 플래카드를 펼쳐들고 육교 위에서 소리를 쳐 댔으니 지나가던 사람들의 이목이 집중된 것은 당연했다. 게다가 코앞에는 서울 종로경찰서가 있었다. 얼마 지나지 않아 경찰들이 달려왔고, 지 신부는 곧 육교에서 끌어내려졌다.

그런데 바로 이때 경찰의 눈을 피해 있던 카메라 한 대가 끌려가는 그의 모습을 포착했다. 그리고 훗날 알게 된 사실이지만, 그때 찍힌 사진은 벨기에 텔레비전 뉴스에까지 등장하였다.

"한국에서 선교사로 활동하고 있는 디디에 세스테벤스 신부가……."

여유롭게 의자에 앉아 뉴스를 보다가 그야말로 머나먼 남의 나라에 가 있는 아들 혹은 동생의 얼굴을 텔레비전 화면에서 목격했을 때의 당혹스러움을 한번 상상해 보라. 게다가 지 신부는 경찰들에게 끌려가고 있었다. 가족들의 놀라움이야 더 말해 무엇 하겠는가.

그렇게 육교에서 내려와 몇 걸음 걷지 않았을 때였다.

"아이고, 다리야! 다리 아파 죽겠네."

방금 전까지 멀쩡히 잘 걷던 지정환 신부가 갑자기 대로 위에 주저앉아 버린 것이다. 인적이 드문 곳이었다면 억지로 끌고라도 갔을 테지만, 서울에서도 유난히 사람이 많은 종로 한복판이었다. 경찰들은 당황하여 어찌할 바를 모르고 서 있었다.

그때였다. 좀 전까지 다리가 아파 죽겠다던 지 신부가 벌떡 일어나더니 교차로 쪽으로 후다닥 뛰어 달아나는 것이 아닌가.

눈에 띄는 얼굴이라 행인들 틈에 숨을 수 있는 것도 아니고, 거기다 바로 경찰서 옆이었으니 얼마 못 가서 금방 다시 잡힐 것은 불을 보듯 뻔한 일이었다. 그래도 그는 있는 힘껏

달렸다. 일단 경찰서로 연행되면 강제 출국은 정해진 수순이었다. 그냥 무력하게 끌려갈 수는 없었다.

하지만 지 신부는 결국 다시 경찰들에게 붙들렸고, 바로 옆에 있던 중부경찰서로 연행되었다.

## 추방대상자 외국인! 독재정권이 그를 풀어주다

그는 애초에 결심했던 대로 벨기에 대사관이 아닌 전주교구로 연락을 취했다. 벨기에인이 아니라 한국 천주교 소속의 신부로서 조사를 받겠다는 의지였다.

지정환 신부는 외국인이었으므로 그에 대한 조사는 출입국관리사무소의 조사관에 의해 이루어졌다.

"디디에 세스테벤스 신부님! 외국인 맞으시지요?"

출입국관리사무소의 조사관이 그에게 던진 첫 번째 질문이었다. 한국인도 아니면서 왜 남의 나라 일에 간섭이냐는 뜻이었다.

시작이 어떤 질문이든 "예스(Yes)"는 금물이었다.

"첫 번째 질문에 '예스'로 답하면, 끝도 반드시 '예스'로 끝난다."

언제든 이렇게 끌려와 조사를 받게 될 때를 대비하여 지 신부가 항상 기억하고 있던 원칙이었다.

"나는 외국인이고 신부입니다. 하지만 지금 내가 있는 곳은 여기 대한민국이고, 세상에 불의가 있다면 그 누구라도 나서야 하는 것 아니겠어요?"

외국인인 것을 인정하고 나면, 그에게는 남의 나라인 한국의 일에 간섭할 권리가 사라지는 것이고, 그런데도 시위까지 하며 간섭을 했으니 한국에서 마땅히 떠나야 할 사람으로 몰리게 될 것이 뻔했다.

"아니오! 나는 한국 천주교 신부 지정환입니다."

지 신부는 한국인들의 신부로서 싸우고 있었다. 그리고 그런 그에게 한국은 이제 결코 '남의 나라'가 아니었다. 벨기에 국적을 가진 한국 신부, 지정환! 그는 더 이상 이 땅에서 이방인이 아니었던 것이다.

"그렇게 한국인이 되고 싶으시면 아예 귀화를 하시던가요."

조사관이 어처구니없다는 듯 말했다. 지 신부는 껄껄거리며 웃었다.

"내 얼굴을 좀 보고 얘기하십시오. 이런 얼굴로 한국인이라면 누가 믿겠습니까?"

성직자인 그에게 세상의 국적이란 이미 의미가 없는 일이

> "나는 외국인이고 신부입니다. 하지만 지금 내가 있는 곳은 여기 대한민국이고, 세상에 불의가 있다면 그 누구라도 나서야 하는 것 아니겠어요?"

었다. 그는 다만 한국에서 살아가고, 한국인들을 사랑하는 신부였다.

"신부님이시면 성당에서 나라를 위해 기도나 해 주실 일이지, 반정부 시위가 대체 웬 말입니까?"

지 신부에게는 너무 당연한 일이었지만, 조사관에게는 도무지 납득되지 않는 일이었다. 그러나 납득이 되지 않기는 그도 마찬가지였다.

"이봐요, 조사관님! 당신 지금 어떻게 그 자리에 있습니까? 뇌물이나 돈 한 푼 안 들었다고 장담할 수 있습니까? 그래요. 나는 외국인이고 신부입니다. 하지만 지금 내가 있는 곳은 여기 대한민국이고, 세상에 불의가 있다면 그 누구라도 나서야 하는 것 아니겠어요? 이 정권을 그냥 이대로 두고 보면 안 됩니다. 나는 당신이 뇌물을 안 쓰고도 일할 수 있는 세상을 만들려는 겁니다. 바로 당신을 위해서 싸우는 거라고요."

조사는 밤 11시까지 이어졌다.

"신부님! 밤도 늦었는데, 저도 집에 가 봐야 하지 않겠습니까? 애들이 잠도 안 자고 기다린다고 난립니다. 이제 그만하시고, 여기 서명 좀 해 주십시오."

조사관이 조서를 내밀며 거듭 서명을 요구했다. 하지만 그냥 잠자코 서명을 해 줄 지정환 신부가 아니었다.

"그럼 서명해 줄 테니 나도 한 장 복사해 주십시오."

그는 자신이 조서의 사본(寫本)을 가질 권리가 있다는 사실을 알고 있었다. 만약 여기서 문제가 더 커진다면, 변호사에게 그 조서의 내용을 알려 주어야 하기도 했다.

"신부님! 지금 밤 12시가 다 됐는데 어디 가서 복사를 합니까?"

사무실에조차 복사기가 보편화되어 있지 않던 시절이었다.

"그럼 각서라도 써 주십시오."

그는 이튿날 아침 10시까지 복사본을 주겠다는 조사관의 각서를 받은 후에야 조서에 서명했다.

그리고 나음날 아침, 지 신부는 전날 받아 둔 각서를 들이밀며 조사관에게 조서의 사본을 요구했다. 각서를 받아든 조사관은 잠시 알 듯 모를 듯한 미소를 짓더니, 이내 그의 눈앞에서 그 각서를 보란 듯이 찢어 버렸다.

지 신부는 너무나 분하고 기가 막혔지만, 할 수 있는 일은 없었다. 그는 다만 바닥에 흩뿌려진 종이 조각들을 모두 주워 모았다. 그리고 그 조각들을 일일이 하나하나 다시 맞추어 테이프로 붙였다. 그 광경을 쭉 지켜보고 있던 조사관의 등골이 얼마간은 오싹하였을 것이다.

그렇게 조사를 받은 지 신부는 풀려나 임실로 돌아왔고, 얼마 후 오글 목사의 강제 출국 소식이 들려왔다.

'이제 내 차례가 되겠군.'

그는 이미 각오가 되어 있었지만, 어찌된 영문인지 아무런 연락이 없었다. 물론 감시는 이전보다 훨씬 더 심해졌고, 그는 연일 재판정에 출두하느라 분주했다.

그러나 재판정에서라고 고분고분해질 지정환 신부가 아니었다.

"이보시오, 경찰 양반! 이 속에는 원자탄밖에 없으니까 걱정 마시구려."

재판정에 들어가기 전에 가방 속을 보아야겠다는 경찰에게 그가 했다는 말이다.

이듬해인 1975년 한국 신용협동조합의 대표로 캐나다를 방문했을 때에도 지 신부의 전력은 어김없이 문제가 되었다. 안 그래도 입국 비자와 재입국 허가 문제로 걱정을 하고 있던 참이었는데, 도청의 관련 직원이 직접 임실을 찾아왔던 것이다.

"신부님! 캐나다에 가시는 것은 막지 않겠습니다만, 그곳에서 한국을 더럽히는 말씀은 삼가해 주십시오."

다른 나라에서 한국의 인권 문제 등을 거론하여 분란을 일으키지 말라는 소리였다. 지 신부는 오래된 프랑스 격언 하나를 전해 주는 것으로 그의 입을 확실히 막아 버렸다.

"염려 마십시오! 더러운 빨래는 반드시 집안에서만 합니다."

어쨌든 지정환 신부는 그 이후로도 계속 한국에 남아 있었고, 독재정권이 끝날 때까지 그는 목소리를 계속 내며 관계자들의 눈엣가시로 되었다. 하지만 한국은 그를 추방시키지는 못했다. 그 숨겨진 이유는 12년 후인 1986년에 밝혀졌다.

# 02

한국을 품은 벨기에 신부

우편배달부를 꿈꾸던 벨기에 귀족 출신 소년
극장 속에서 경험한 한국전쟁, 마음속에 한국을 생각하다
사제가 된 소년
한국? 그래 한국이다!

# 한국을 품은 벨기에 신부

디디에 신부에게 한국은 더 이상 낯선 나라가 아니었다.
전쟁에서 수많은 사람들이 희생당하는 것을 알게 되었을 때
그의 마음속에서 한국의 자리는 점점 커져갔다.

1986년 어느 날, 1974년 당시 지 신부를 심문했던 출입국관리사무소 조사관이 지 신부를 찾아왔다.

"신부님! 저 기억하십니까?"

"아니 당신은 그 때 날 심문했던 그 조사관 아니오?"

갑작스런 그의 방문에 지 신부는 놀라움을 금치 못했다. 조사관은 그 동안 하지 못한 이야기를 지 신부에게 전하였다.

"신부님! 그때 일이 두고두고 죄스러웠는데, 이제야 찾아 뵈었습니다. 부디 용서하십시오. 신부님! 당시에 신부님은 원래 강제 추방 대상자였지요. 그런데, 갑자기 그날 새벽 청와대에서 조서를 가져 오라고 하지 않았겠습니까?"

그의 입에서 나온 이야기는 지 신부의 운명을 결정짓는 것이었다.

"어제 데모에 가담한 놈들이 누구야?"

이에 어김없이 지정환 신부 이름이 또다시 등장하였고, 박정희 대통령은 계속 거론되는 그의 정체가 궁금해졌다.

"지정환이 누군데? 뭐하는 사람이야?"

"그게 … 그 사람은 신부이자, 임실에서 주민들과 치즈를 만들며 최초 국산 치즈를 만들어냈고, 신용협동조합을 조직화하여 성공적으로 운영하고 있습니다."

"그래? 임실 … 치즈 … 신용협동조합?"

대통령의 머릿속에서는 그를 벨기에로 강제 추방시켰을 때와 그냥 한국에 놔두었을 때 과연 어느 쪽이 더 정권에 이득인지 고민하였을 것이다. 더욱이 당시 정부는 새마을운동 사업을 벌이고 있었기에 임실과 관련된 지 신부 이야기는 관심을 가질 수밖에 없었다.

"그냥 풀어줘! 그리고 다시 임실로 보내!"

조사관은 이렇게 말을 하고 그날 지 신부에게 조서의 사본을 주지 못하고 그 앞에서 각서를 찢어 버렸던 일이 내내 마음에 걸려 있었다고 고백했다. 그래서 수소문 끝에 지 신부가 전주에 있다는 사실을 알아내고는 그제라도 용서를 빌기 위해 그를 찾아왔던 것이다.

"아이고, 그 동안 다리도 못 뻗고 잤나보네. 난 다 잊었소! 그 때를 다시 떠올린 듯 무엇하오!"

이렇듯 지정환 신부가 추방의 두려움에도 아랑곳없이 끈

질기게 반대했던 독재자의 눈에도 그는 임실에, 그리고 한국에 꼭 필요한 사람이었다.

## 우편배달부를 꿈꾸던 벨기에 귀족 출신 소년

지정환. 그의 본래 이름은 디디에 세스테벤스(Didiert' Serstevens)이다. 그는 1931년 12월 5일 벨기에의 브뤼셀에서 3남 2녀 중 막내로 태어났다. 그의 집안은 12세기 기사 작위를 받았던 귀족 출신이었다. 유럽의 귀족 가문답게 그의 집안은 경제적으로 풍족했다. 하지만 그의 부모는 아이들에게 철저한 경제관념과 절제의 미덕을 가르쳤다.

막내인 그에게 장난감을 가지고 놀 수 있을 때는 언제나 형이나 누나가 사용한 이후였다. 특히 집 마당에 놓여 있던 자전거는 디디에가 타고 싶어도 늘 탈 수 있는 것이 아니었다. 형이나 누나가 타다가 싫증이 나서 타지 않는 특별한 날에만 디디에가 탈 수 있었다.

자신만의 자전거를 가지고 타고 싶을 때 언제든지 타기를 원하던 어린 디디에에게 매일 집집마다 자전거를 타고 돌아다니며 편지를 배달하던 우편배달부가 부러웠다.

"나는 우편배달부가 될 거야."

그의 관심은 자전거였을 뿐 우편배달이 아니었다. 오래지 않아 그는 우편배달부가 아니더라도 자전거를 맘껏 탈 수 있다는 사실을 깨닫게 되고 우편배달부의 꿈을 접게 되었다.

부모님은 자녀들에게 아낌없는 사랑을 주는 한편 엄격하기도 했다. 음식 투정을 한다거나 음식을 이유 없이 남기는 일이 있으면 바로 접시는 치워졌다. 그리고 그의 몫의 후식이나 간식은 형이나 누나에게 돌아가곤 했다.

어린 디디에게 음식의 고마움에 대하여 다시 한 번 되새기게 한 것은 전쟁이었다. 제2차 세계대전 당시 독일의 침공을 받으면서, 벨기에 곳곳에는 식량의 부족으로 굶주리는 사람들이 넘쳐났다. 상대적으로 여유가 있었다고는 해도, 아버지가 전쟁터로 떠나 버린 세스테벤스 가문의 식탁에도 변화는 찾아왔다.

한창 자라나는 자녀들의 영양 부족을 염려한 어머니는 평소에는 버려지던 돼지의 내장이나 껍질을 요리하여 식탁에 올렸는데, 시장이 반찬이라고 예전 같았으면 거들떠도 보지 않았을 그 음식들을 다섯 남매는 감사한 마음으로 먹었다.

"지금 내 앞에 있는 것이 세상에서 가장 맛있는 음식이다."

자신의 아들이 감사를 아는 사람으로 성장하기를 원했던 어머니의 바람을 디디에는 여든이 넘은 지금도 매번 식사 시간마다 잊지 않고 기억한다.

벨기에는 전체 인구의 80퍼센트에 달하는 약 900만 명이 천주교 신자일 만큼 유럽 내에서도 특히 천주교 세력이 강한 나라이다. 이러한 나라에서 태어나고 자란 디디에에게 신앙은 자연스러운 것이었다.

특히 디디에의 외가와 친가에서는 각 세대마다 적어도 한 사람은 성직자의 길을 걸었고, 부모님들 역시 독실한 가톨릭 신자였기에 집안에서 성직자의 길을 택한다 하더라도 그리 낯설지 않았다.

그가 초등학교를 졸업하고, 중학교를 지나 고등학교에 들어가면서 자신의 인생을 결정할 시기가 찾아왔다. 어렸을 때부터 성직자의 길을 곰곰이 생각해 왔었고 특히 디디에 아버지가 제1, 2차 세계대전에 참가했으며, 어린 시절 세계대전으로 참혹한 상황을 경험한 터라 앞으로 무엇이 될 것인가에 대한 고민을 늘 하고 있었다.

"하느님의 사제가 될까? 나는 무엇이 될까? 세상의 평화와 전쟁으로 눈물 흘리고 고통 받는 사람들을 위해 내가 할 수 있는 일은 무엇일까?"

고등학교 2학년 때 디디에는 결심을 하였다.

"그래 신부가 되자! 내가 갈 길은 이 길이다."

어린 나이였지만, 디디에의 순수하고 고결한 마음은 이미 세상 저편의 어려운 사람에게 향하고 있었다. 그는 외국으로 파견되는 신부를 양성하는 신학대로 진학하기로 결심했다. 해외에서 고통 받는 이들에게 그는 달려가고 싶었다. 부모님의 반대는 없었다.

"디디에! 너만 좋다면 하느님의 사제가 되렴. 우리에겐 영광스러운 일이구나!"

사랑으로 충만한 가정. 하지만, 아버지가 제1, 2차 세계대전 때 연합군으로 참전한 적이 있었기에 전쟁과 공산당, 파시즘, 독재에 대한 막연한 두려움과 증오는 남아 있었다.

> "선교는 이렇게 아무런 대가 없이 무조건 남을 돕는 일이구나."
>
> 그에게 내가 가진 무언가를 남과 나누는 것은 특별한 일이 아니라 그저 당연히 해야 하는 '의무'가 되어가고 있었다.

## 극장 속에서 경험한 한국전쟁, 마음속에 한국을 생각하다

1950년 6월, 학교를 막 졸업한 예비 신학생 디디에 세스테벤스는 친구와 함께 브뤼셀의 한 극장에 앉아 있었다. 텔레비전이 귀하던 시절이었기에, 극장에서 영화가 시작되기 전 보여 주는 1주일간의 뉴스 모음은 세상이 돌아가는 상황을 아는 데 무엇보다 유용한 수단이었다.

"아시아 태평양 지역에 있는 한반도에 공산군인 북한의 무력 침략으로 남한과의 전쟁이 발발했습니다. 일본의 식민지였던 이곳이 해방된 지 얼마 되지 않아 다시 비극을 겪고 있습니다."

"디디에! 저기가 어디야? 한국? 거기서 엄청난 전쟁이 발생했나봐!"

"그러게 말이야. 제3차 세계대전으로까지 확대되진 않을까? 제2차 세계대전이 언제 끝났다고 또 전쟁인지 … 오! 하느님! 부디 이 세상에 더 이상의 전쟁이 없도록 해 주세요."

두 손을 모으고 극장에서 기도를 올리던 19세의 소년은 한국전쟁으로 인해 제3차 세계대전이 일어나지 않을까 하는 우려를 하고 있었다.

"오, 하느님! 부디 한국을 지켜 주시고, 이 세상에 더 이상의 전쟁이 일어나지 않도록 도우소서."

뉴스가 끝나고 영화가 시작되었지만, 생전 처음 들어 본 '한국'이라는 나라와 그 나라 안에서 참혹한 전쟁을 겪고 있을 한국인들을 위한 디디에의 기도는 그치지 않았다.

그날 이후 디디에에게 한국은 더 이상 낯선 나라가 아니었다. 고등학교 때 곧잘 어울리던 선배가 한국전쟁에 참전한다는 소식을 들었을 때, 그리고 그 전쟁에서 얼마나 수많은 사람들이 죽어 가고 있는지 알게 되었을 때, 그의 마음속에서 '한국'의 자리는 점점 더 커져만 갔다.

## 사제가 된 소년

벨기에의 수도인 브뤼셀에서 기차를 타고 북쪽으로 30분 정도 가면 루뱅(Louvain)이라는 도시가 있다. 이곳에는 1425년 설립되어 베네룩스(Benelux) 3국(벨기에, 네덜란드, 룩셈부르크)에서 가장 오래된 대학인 루뱅대학교가 있는데, 루뱅대는 신약성서를 최초로 편집한 인문학자 에라스무스(Desiderius Erasmus)가 교수로 재직했을 만큼 유서 깊은 대학이다.

교황청이 바티칸 밖에 세운 최초의 대학이기도 한 루뱅대는 특히 신학과 철학으로 유명한데, 한국전쟁이 발발한 지 3일 후였던 1950년 6월 28일, 벨기에 브뤼셀에 있는 성베드로 중·고등학교를 졸업한 디디에가 선택한 학교 역시 바로 이곳 루뱅대였다.

고등학교를 졸업한 디디에는 먼저 벨기에 전교협조회(Societas Auxiliarium Missionum)에 입회하였다.

다른 여러 단체들이 있었음에도 불구하고 그가 굳이 전교협조회를 선택한 데는 분명한 이유가 있었는데, 그것은 바로 전교협조회가 채택하고 있는 선교의 방향 때문이었다. 즉, 협조회에서는 소속 신부들을 자체 파견하는 것이 아니라 선교지의 주교 밑에 교구 신부로 보냄으로써 그들이 해당 지역과 그 지역 주민들의 입장에 서서 일하도록 하고 있었다. 위에서 군림하거나 앞에서 명령하는 '지도자'가 아니라 스스로 공동체의 구성원이 되어 함께 살아가는 '친구'로서의 사목(司牧) 활동을 꿈꾸던 디디에에게 협조회는 최적의 선택이었던 셈이다.

디디에는 먼저 루뱅대 철학과에서 2년간의 필수과정인 철학 과정의 수업을 들었다. 철학은 모든 삶의 근본이며, 모든 근간이 가톨릭과 밀접하게 연관이 되어있다. 고대 때부터 플라톤과 아리스토텔레스, 토마스 아퀴나스에 이르며 가톨릭

소년 디디에(좌측), 벗과 함께

숲으로 소풍 간 디디에(뒤쪽에
장대를 들고 있는 소년)와 친구들

루뱅대의 신학도
디디에 세스테벤스

젊은 시절의 지정환 신부

신학과 종교 철학이 결부되며 자연법이라는 것이 탄생했다. 고대 그리스, 로마에서 발전한 철학 사상은 가톨릭 신학을 통해 이루어 졌기 때문에 많은 철학 사상가를 배출해 냈으며, 그 시대의 상황을 설명하고, 가톨릭의 발전과 역사를 배우기에 위해서는 필수적이었다.

오랜 역사를 통해 구축되어 온 철학을 2년 동안 배우는 것은 어찌 보면 철학가들이 세운 이론과 역사를 수박 겉핥기식으로 암기하는 것뿐일 수도 있었다.

'내가 지금 정말 잘하고 있는 걸까? 수박 겉핥기식으로 그저 외우는 데만 급급하고 있는 건 아닐까?'

하지만 하느님의 사제가 되기 위해 준비하는 디디에는 그들의 사상을 좀 더 이해하고, 가톨릭의 진정한 역사를 알기 위해 밤낮을 가리지 않고 책을 읽어 내려갔다. 때론 그들의 사상을 이해하기도 했고, 때론 아쉬움을 가지며 신부가 될 준비를 하고 있었다.

2년은 눈 깜짝할 사이에 지나갔다. 루뱅대에서 철학 학사 학위를 취득하고, 1년 동안 전교협조회 소속의 신학교에서 공부한 디디에는 드디어 본격적인 신학 연구를 위해 루뱅예수회 성알벨도 신학교에 입학하였다.

이제 신학대에서의 4년이 남아 있었다. 정식 사제 서품을 받기 위해 신학대에서 4년간 공부하고, 하느님의 사제가 되기 위해 수련해야만 했다. 철학과정 2년과 신학과정 4년을 포함한 루뱅대에서의 6년의 생활을 통해 디디에는 신부가 될 날을 서서히 준비해 가고 있었다.

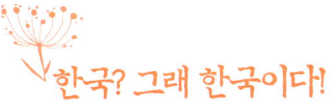
## 한국? 그래 한국이다!

신학대에서 신앙심으로 하느님의 말씀과 교육을 받던 어느 날 루뱅대 교정에서 디디에는 우연히 한국인을 만나게 되었다. 그 시기 벨기에에서 한국인을 만나기는 쉽지 않았다. 하지만 운명의 장난처럼 그는 한국에서 온 이효상과 장병화 신부를 우연히 만나게 되었다.

이효상 씨는(1906년~1989년) 박정희 시대 민주공화당 의원으로 1964년 6대 국회 의장이었고, 1967년 8월 제7대 국회의장까지 지낸 인물이다. 그는 1930년 일본 동경제국대학교 독문학과를 졸업하였고, 한국전쟁이 끝난 후 1954년 7월부터 1956년 4월까지 루뱅대에서 철학과 문학을 공부하고 있었다.

그리고 디디에가 만난 또 한 사람의 한국인 장병화(1912~1990년)는 1938년 6월 사제 서품을 받고, 1943년 대구신학대학을 졸업하고, 1954년 9월부터 1956년까지 디디에와 같은 루뱅예수회 성알벨도 신학교에서 유학하였다. 그는 1968년 로마에서 주교 임명을 받았고, 1968년부터 1988년까지 마산교구의 교구장을 역임하였다.

디디에가 신문이나 뉴스에서 한국전쟁을 접하고 있었기 때문에 한국이라는 나라가 생소하진 않았지만, 벨기에에서 한국인을 만나게 될 줄을 몰랐다. 생소하고, 낯설었지만, 그들과 함께 공부하며 그리고 한국에 대한 호기심으로 이들과 점점 가까워 졌다.

디디에와 이들 한국인들의 만남은 부쩍 잦았다. 그러면서 한국에 대한 이야기를 자주하게 되었다. 특히 루뱅대 신학대학은 외국으로 나가는 신부를 양성하는 곳이었기 때문에 디디에는 졸업 후 어떤 나라로 갈 것인지 고민을 하고 있었던 시기였다.

이 때 등장한 한국인들은 디디에에게 한국에 대하여 설명하기 시작하였고, 디디에가 한국으로 가는 것을 추천하기 시작했다.

"디디에! 신학대를 졸업하면 어느 나라로 갈건가요?"
"가고 싶은 나라는 있나요?"
"한국 어때요? 한국 좋아요! 디디에가 한국에 가면 정말 많은 도움이 될 거예요. 한국으로 오세요."

"우리 한국에서 다시 만납시다."

"한국? 그래 한국을 위해 내가 할 수 있는 일이 조금이라도 있을지 몰라. 한국으로 가야겠다."

하지만, 신부가 되어 타국으로 가려면 그 나라 말을 익혀야 한다. 내심 벨기에 령이었던 아프리카 콩고는 디디에가 가기에는 한국보다 더 편한 곳이었기에 디디에는 콩고를 맘에 두고 있었다. 하지만 이 한국인 둘은 거기서 멈추지 않았다.

"한국? 한국어 어렵지 않나요? 난 한국어는 전혀 몰라요. 한국에 대해서도 많은 것을 알고 있지 않답니다. 내가 과연 할 수 있을까요?"

이러한 걱정을 내놓는 디디에에게 두 한국인들은 그에게 한국으로 가라고 적극적으로 설득하기 시작했다.

"디디에! 한국어? 전혀 어렵지 않아요. 석 달 정도 배우면 완전히 한국사람처럼 자연스러운 대화를 할 수 있게 된답니다. 그리고 한국이 얼마나 좋다구요. 한국으로 가요."

"정말이에요? 일단 한번 생각해 보고 결정하겠습니다."

이 두 한국인들의 설득은 한 번에 그치지 않았다. 그들과 자연스레 어울리면서 한국에 대하여 고민하였고, 한국에서 자신이 할 일이 있을 것 같았다. 그리고 쉽다고 하는 한국어에 대한 두려움도 조금씩 사라지게 되었다. 그리고 디디에는 한국행을 결정하고, 학교에 이야기하기 전에 부모님을 찾아갔다.

부모님께 신부가 되어 한국으로 가겠다고 하자 부모님은 놀라지 않을 수 없었다. 전쟁으로 위험이 늘 도사리는 한국, 게다가 새로운 언어를 배우고, 외국인 신부가 많지 않았으며 위치 상 너무 멀었기 때문에 자신들의 막내아들이 낯선 곳으로 가기를 원하지 않았다.

"디디에! 우린 네가 신부가 되기로 한 것을 자랑스럽게 생각한단다. 하지만 한국으로 가는 것은 생각해 보렴. 거기는 너무 위험해. 콩고는 어떠니? 콩고는 우리 벨기에 령 아니니? 그리고 너와 비슷한 벨기에나 유럽 신부들도 많아. 그리고 콩고에도 네가 할 수 있는 일들이 많아. 한국으로 가는 건 다시 한 번 생각해 보렴."

뜻하지 않은 반대였다. 디디에는 하지만 신념을 버리지 않았다.

그는 부모님을 설득하고 한국행을 확정하였다.

"어머니, 아버지! 콩고에는 많은 신부들님들이 계시고 훌륭한 일들을 하고 계시지만, 한국에서 제가 할 수 있는 일들은 더욱 많을 거예요. 하느님께서 저를 그리로 가라고 하셨다면 저는 그곳으로 가겠습니다."

훗날 그의 결정에 디디에의 부모님은 안도의 한숨을 내쉬게 되었다. 그 이유는 콩고 내전으로 인하여 많은 외국인 신부들이 학살되었기 때문이다. 만약 디디에가 콩고로 가기로 결정했다면 아들이 어떻게 되었을지 생각하며 디디에의 결정에 늘 감사해 하였다.

루뱅대 신학대를 졸업한 디디에는 1958년 사제 서품을 받으면서 정식으로 신부가 되었다. 그리고 신부로서 그의 한국행은 점점 가까워지기 시작했다. 하지만 한국으로 가기 위해서는 가기 전에 한국어를 배워야 했다. 그는 사제 서품을 받은 1958년 영국 런던대로 향했다. 이 때 런던대에서는 한국어, 중국어, 영어, 일어 등 아시아 언어와 아프리카 등 여러 나라 어학을 가르치는 어학당이 있었다. 그래서 한국어를 배우기 위해 그는 영국 런던대로 향했다.

그는 먼저 영어를 배웠다. 왜냐하면 한국어 강사가 영어와 한국어로 수업을 하기 때문에 영어를 먼저 배워야만 했다. 프랑스가 모국어였기 때문에 그는 낯선 외국어를 단기간에 두개를 배워야만 했다. 그러기에 남들보다 더 열심히 노력해야만 했다. 하느님도 그것을 알고 계셨을까?

그는 먼저 영어를 습득한 후에 한국어 수업을 듣기 시작했다. 이효상과 장병화 신부가 그렇게 쉽다고 했던 한국어! 디디에 신부는 놀라지 않을 수 없었다. 유럽인들이 배우기에는 한국어가 어순도 다를 뿐만 아니라 언어 체계 역시 달랐기 때문에 한계가 있었던 것이었다.

"이런 쉽다고 하더니 이게 뭐야? 너무 어렵잖아?"

"교수님! 한국어 왜 이렇게 어려워요?" 디디에의 이러한 질문에 교수님은 다음과 같은 답변을 하였다.

"그럼 너 쉬운 말인 줄 알았어? 중국어, 일어보다 더 어려운 게 한국어야!"

"아차 …"

디디에 신부는 한숨을 내쉬었으나 이미 한국행을 결정지었기에 남들보다 정말 열심히 했다. 보통 사람들은 외국어 하나도 1년 안에 배우기 어렵다. 하지만 그는 1년동안 외국어 두 개를 섭렵해야 했다. 영어는 쉽게 마쳤을지 몰라도 처음보는 낯선 한국어와 씨름을 해야 했다.

더욱이 한문을 함께 쓰는 한국어의 특성상 그는 한문까지 배워야 했기 때문에 더더욱 어려움을 겪었다. 하지만 이때의 노력으로 그는 지금 아주 놀라운 한문 실력을 자랑한다. 지금 과거 한국 전라도 지역에서의 가톨릭 역사를 프랑스어로 기록하는 일을 하고 있는 그는 한문으로 되어 있는 과거 문서를 막힘없이 읽는다.

런던대에서 1년 여 년간 배운 한국어는 완벽한 수준은 아니었다. 하지만 한국어 이수 과정을 마치고 1959년 11월 디디에 신부는 드디어 한국의 전주교구로 발령을 받고 외국 파견 신부 자격으로 한국으로 가는 배에 몸을 실었다.

한국과의 인연을 시작하기 위한 항해! 그는 그렇게 푸른 바다를 향해 나아가고 있었다.

> "제가 할 수 있는 일은 한국에 더 많을 거예요. 제가 한국으로 가는 것이 하느님의 뜻이라면, 저는 그 뜻을 꼭 따르고 싶습니다."

# 03

가난에서 희망을 개척하다

천주교의 신앙지 전주에서 '지정환' 이름을 얻다
뚝딱뚝딱 신부 개척지를 만들다
간척 사업과 바꾼 건강

# 가난에서 희망을 개척하다

한국에서의 첫 부임지인 부안에서 진행한 간척 사업은 성공적이었다.
간척 사업 3년 후, 85정보에 이후의 15정보를 더해 모두 100정보의
새로운 땅이 생겨나 100가족이 새로운 삶을 얻게 되었다.
하지만 미사와 기도 시간을 제외하고 모든 것을 간척 사업에 매달렸던
지정환 신부의 건강은 나빠지고 있었다.

유럽에서 볼 때 동북아시아의 끝자락에 위치한 한국은 머나먼 곳이었다. 이집트의 수에즈 운하를 거쳐 말레이시아와 태국까지 경유하는 항해는 무려 한 달이 넘게 계속되었다. 지금은 비행기로 8~10시간이면 충분히 도착하겠지만, 그 당시만 해도 비행기를 타고 한국에 오는 것은 쉬운 것이 아니었고, 비용도 비쌌기 때문에 비행기보단 배를 이용하는 것이 나았다.

배가 경유했던 도시 중에서 디디에에게 가장 깊은 인상을 남긴 곳은 태국의 수도 방콕이었다. 태국은 그 당시만 해도 한국전쟁에 군사를 파견할 만큼 한국보다 잘 사는 동남아 국가였다. 휴양지로 유명한 그곳은 디디에에게 새로운 휴식처와 같았다. 사계절이 더운 방콕에서 잠시 쉬는 동안 열대나무며 야자수며, 그에게 태국이라는 곳은 더없는 낙원이었다. 방콕에서의 일정도 잠시, 다시 배에 오른 그는 며칠 밤낮을 배에서 지내며 한국에 도착하기를 기대하고 있었다.

1959년 12월 8일 부산항. 드디어 디디에는 한국 땅에 도착했다. 뼛속까지 추운 바람은 방콕의 따뜻한 날씨와 너무 달랐고, 특히 생각했던 것보다 더 황폐한 한국의 모습에 그는 놀라지 않을 수 없었다.

"하느님! 드디어 한국입니다."

디디에는 외투의 옷깃을 여미며 자신의 앞날에 대하여 다시 한 번 각오를 다졌다.

## 천주교의 신앙지 전주에서 '지정환' 이름을 얻다

부산을 떠나 앞으로 몸담게 될 전주교구로 향하던 디디에는 또 한 번 놀라지 않을 수 없었다. 부산은 전주에 비해 환경이 모는 면에서 양호했다. 1959년 당시 한국에는 차도 드물었고, 포장도로도 거의 없었다. 흔들리는 차를 타고 디디에 신부는 전주교구로 약 10시간동안 비포장 도로를 달려야 했다. 매끄럽지 않은 노면에 차가 좋은 것도 아니어서 그 흔들림은 상상을 할 수 없을 정도였다.

'예상은 했지만, 설마 이 정도일 줄이야.'

3. 가난에서 희망을 개척하다

그의 놀라움은 점점 더 커져만 갔다. 길 곳곳 피폐한 건물들과 집들, 활기차지 않은 사람들에게 희망이라곤 전혀 찾아볼 수 없었다.

그렇게 10시간을 달려와 도착한 전주교구. 그곳에서 그는 김이환 부주교를 만났다.

"디디에 신부님! 고생 많으셨지요? 어서오세요. 여기가 디디에 신부님이 함께할 한국의 전주교구 입니다. 이제부터 신부님은 여기 전주교구에서 하셔야 할 일이 많을 듯 합니다."

천주교는 조선에 1784년 학문으로 들어와 이승훈, 정약용 등 남인세력들 사이에 퍼지면서 하나의 종교로 받아들여졌다. 그러나 조선시대 천주교는 신분 제도를 부정하고, 임금과 아버지보다 하느님을 더 섬기며, 제사를 금지한다는 등의 이유로 조선 왕조로부터 모진 박해를 받았다.

특히 전라도 지역은 천주교 신앙이 오랫동안 이어진 지역이고, 그 중 전주는 천주교에 대한 박해가 있을 때마다 매번 순교자들이 발생한 곳이었다.

전라도 지역의 첫 신자는 '호남의 사도'로 일컬어지는 유항검이다. 엄청난 부자였던 유항검은 한국 천주교의 창립자 중 하나인 권일신으로부터 교리를 배우고, 이승훈에게 세례를 받아 입교한 후 전주로 내려와 가족과 친척, 노비, 친구에게 복음을 전파했다. 그리고 이종사촌인 윤지충(바오로)과 함께 교리를 함께 공부했다.

그리고 고산(孤山) 윤선도의 5대손인 윤지충은 외사촌인 정약용으로부터 교리를 배우고 1789년 천주교에 입교하였다. 천주교신자에 대한 박해가 심해지자 윤지충은 낙향하여 신주를 태우고 천주교 신앙에서 요구하는 교리에 따라 행동했다. 또한 윤지충의 고종사촌인 권상연(야고보)은 윤지충으로부터 천주교 교리를 배워 신앙심을 키워 왔다. 1791(신해)년 5월 윤지충의 어머니가 사망하자 그는 권상연과 상의하여 교회의 가르침과 어머니의 유언에 따라 위패를 불태우고 제사도 지내지 않았다.

이들의 행동은 숭유억불정책이라는 유교 사상에 근거하여 조선시대의 양반 사회 덕목인 조상에 대한 제사를 부정하는 행위로 보였다. 이 사건으로 인해 윤지충과 권상연은 관가에 고발당해 추문을 당했다.

옥중에서도 끝까지 자신의 뜻을 굽히지 않았고, 결국 불효, 불충, 악덕죄로 1791년 12월 8일 윤지충은 권상연과 함께 전주 풍남문 밖(지금의 전동성당 자리)에서 참수되었다. 이들은 조선에서 천주교 신앙으로 인해 최초로 참수형당한 순교자이다.

윤지충과 권상연이 처형되고 1801년 신유박해가 일어나면서 유항검 역시 1801년 10월 24일 전주 풍남문 밖에서 능지

처참형을 받고 순교하였다.

계속된 천주교 박해 속에서도 견디어 온 한국의 천주교는 1886년 한불 수교조약으로 신앙의 자유를 얻게 되었고, 1890년대 후반에 이르러서는 나라 전체적으로 박해의 강도는 약화되어 천주교가 확대되었다.

그리고 1889년 조선에서 활동하고 있던 프랑스인 신부 보두네(Baudounet)에 따르면 전라도 감영(監營)의 관리 두서넛과 아전들 몇 명이 천주교 교리서를 읽는 등 천주교에 관심을 가지고 있었다고 한다. 그리고 2년 후인 1891년 보두네 신부는 전주 남문 밖 구례 영저리에 집 한 채를 사들여 성당으로 사용하기 시작했다. 이때부터 전주의 유력한 양반 가문에서 속속 입교자가 나타났고, 자연히 일반 백성들도 점차 천주교에 관심을 갖게 되었다. 이렇게 천주교는 전주뿐 아니라 전국적으로 교세를 확장해 갔다.

이처럼 한국 천주교의 역사에서 중요한 위치를 점하고 있는 전주였다. 이러한 지역에 있는 디디에는 다시 한 번 자신이 이곳에서 해야 할 것들을 되새겼다.

"하느님! 순교자들이 신앙을 지키기 위해 피 흘렸던 이곳에서 저는 과연 무엇을 해야 합니까?"

그는 자신을 한국으로 부르신 하느님의 특별한 뜻을 확신했다. 하느님의 답에 따라 무엇이든 충성하겠노라고 다짐 또 다짐하였다.

디디에의 한국 생활은 언어에서부터 막히기 시작했다. 분명 한국어를 배우고 왔지만 미사를 집전하고 원활한 대화를 하기에는 턱없이 부족한 한국어 실력이었다. 그래서 부족한 한국어 실력이지만 주민들과 대화하면서 한국어를 익히려 했지만 사람들과 대화는 이미 디디에의 어려운 이름에서부터 막히고 말았다.

"안녕하세요? 저는 디디에 세스테벤스입니다."

"디뎌 세수, 뭐요?"

김이환 부주교가 디디에를 부른 것은 바로 그때였다.

"디디에! 여기 주민들과 좀 더 가깝게 지내려면 당신의 한국 이름이 필요한 듯 합니다. 오늘은 우리 같이 당신 이름을 좀 지어 봅시다."

> 지정환 이라는 이름이 탄생하는 순간이었다. 디디에의 D를 한국어로 발음했을 때 가장 가까운 발음 '지'를 성으로 하고, 이름을 지어준 김이환 주교의 끝 이름인 '환'을 넣어 완성한 이름 '지정환'. 디디에는 새로운 마음으로 다시 한 번 한국에서의 생활에 대한 각오를 하였다.

"디디에 신부님 당신 이름 중 디(D)가 한국식으로 불렀을 때 가장 가까운 발음이 뭔지 알아요? 디디디디……지! 좋다. 지를 당신 성으로 합시다. 그리고 내 이름의 마지막을 이름 마지막에 넣지요. 우리가 만난 것도 인연인데 …… 그럼 지, 환은 결정되었고, 가운데 들어갈 이름은 어떤 것이 좋을까요? 지영환, 지태환, 지준환…… 지정환? 그래! 지정환이 좋겠다. 디디에! 우리 지정환으로 합시다."

드디어 지난 30년간 써 왔던 디디에 세스테벤스 대신 앞으로 더 많이 쓰이고 사람들에게 익숙한 '지정환'이라는 이름이 탄생하게 되었다.

이제 더 이상 디디에 신부로 불리지 않았다. 그는 지정환이라는 이름에 익숙해져야만 했다. 또한 주민들과 신도들과 더욱 가까워지기 위해 그리고 그들을 위한 미사를 하기 위해 지정환은 사람들과 부딪히며 한국어 공부를 시작했다. 그리고 조금씩 한국어 실력이 발전하게 되었다.

## 뚝딱뚝딱 신부 개척지를 만들다

전주에 도착한 후 3개월간의 적응 기간을 거친 지정환 신부는 다음 해인 1960년 3월부터 전주에 있는 전동성당에서 보좌 신부로 생활하였다. 그리고 1961년 7월 1일 전주교구에서는 디디에 신부를 전북 부안성당의 주임 신부로 발령내렸다. 한국에 발을 내딛던 순간 낯설었던 한국에서 그는 이제 부안성당의 주임 신부가 되었다.

전주에서 부안으로 가는 버스에 몸을 싣고 네 시간 동안 덜컹거리는 비포장도로를 달려 부안에 도착한 후 첫 미사를 드렸다.

"하느님! 여기가 저와 함께할 곳입니다. 부디 이곳 주민들에게 은혜를 베푸시어 그들에게 복된 날을 주십시오. 성부와 성자와 성령의 이름으로 기도드립니다. 아멘."

부안의 주임 신부가 되었지만, 여전히 한국어가 서툴러 많은 어려움도 존재했고, 재밌는 일도 많았다. 그가 기억하는 가장 재밌는 사건은 어느 날 아침 버스 안에서의 일이었다.

어느 날 버스를 타고 가는데 한 노인이 지 신부를 한동안 쳐다보더니 말을 걸었다. 그 노인에게 지 신부는 특이하고 낯선 이방인으로 보였다.

"저기 …… 자네 혹시 한국말 할 줄 아는겨? 몇 살이나 먹었는가?"

"네, 서른 살입니다."

"장개는 갔어?"

"네, 두 번 갔습니다."

두 번 갔었다는 말에 노인은 갑자기 불호령을 쳤다.

"뭐, 두 번이나 장개를 가? 이런 호로 상놈이 있나!"

이는 지 신부가 결혼을 하지 않는 사제라는 것을 몰랐던 노인이 지 신부의 결혼 여부를 물었던 것이었고, 지 신부는 전라북도 장수군의 '장계'에 다녀온 적이 있느냐고 물어본 것으로 이해를 했던 것이다. 수 많은 단어 중 그리고 수많은 지역 중 하필 장계일게 뭐람. 장계를 다녀온 적이 있는 것이 실수였다면 실수였다.

지 신부에게는 처음 접하는 한국 음식 역시 낯설었다. 특히 한국인들도 특유의 구린내 때문에 많이들 꺼려하는 청국장은 외국인인 지 신부에게는 먹기 힘든 음식 중의 하나였다. 하지만 부안에 처음 부임했을 당시 선배 신부는 매 끼니마다 청국장과 김치, 밥을 챙겨왔다. 며칠 동안 계속 같은 음식이었다. 그리고 며칠 동안 지 신부는 배를 곯았다.

하지만 배에서는 '꼬르륵' 소리를 알렸다. 시장이 반찬이라고 했던가! 배고픔을 견디지 못한 지 신부는 더 이상 청국장의 낯선 구린 냄새를 맡고만 있을 수는 없었다. 그런데 한참을 먹고 나니 청국장만의 부드러움과 특유한 맛을 알게 되었다. 그리고 언젠가부터 그 역하고 구린 청국장의 냄새를 한국인들의 표현대로 '구수하다'고 느끼고 있는 자신을 발견할

전라도의 천주교 순교자들의 피를 흘린 자리에 세워진 전동성당

부안본당 주임신부가 된 지정환 신부

휴가 동안 소록도에서 환자들과 봉사자들과 함께 지내는 지정환 신부

1961년 지정환 신부가 부임한 부안성당

수 있었다.

이렇게 지정환 신부는 낯선 이방인에서 하루하루 한국인들과 더불어 살아가며 그 삶에 적응해 나가고 있었다.

당시의 대다수 시골 마을이 그랬던 것처럼 1961년의 부안에는 가난하고 굶주리는 사람들이 넘쳐났다. 대대로 농사밖에는 몰랐던 타고난 농사꾼들이었지만, 씨를 뿌릴 땅조차 없는 사람들이 지천에 널려 있었다.

이러한 부안에서 새롭게 주임 신부의 역할을 하게 된 지정환 신부는 자신이 해야 할 일을 찾기 시작했다.

대부분 종교가 그렇겠지만, 가톨릭 역시 사회에서 자신들이 해야하는 사회 봉사활동을 활발히 진행하고 있고, 외국에서 온 선교사들 역시 수많은 봉사 활동을 한다. 지정환 신부는 성당에서 미사와 기도만 드리는 것이 아닌 주민들을 위해 자신이 할 일을 찾아 나섰다.

1960년대 초 한국은 식량이 부족한 상황이었다. 이 당시 미국에서는 거대한 농토를 토대로 수많은 농민들이 밀가루를 생산하고 있었고, 공급에 비해 수요가 적었기 때문에 밀가루가 남아돌았다.

공급과 수요가 맞지 않고 공급량이 많아질 때 국가에서 사들일 수 있는 양도 한계에 달한다. 그렇게 되면 농민들은 남아도는 물량을 처리하지 못하게 되고, 빚으로 고통 받게 된다. 미국에서는 점차 농민들의 시위가 잦아졌고, 그 결과 미국의 농민들은 밀가루를 바다에 버리려고 했다. 이때 천주교, 기독교에서는 농민들을 설득하며, 버릴 밀가루를 천주교나 기독교 단체에 주면 그것을 식량이 부족한 아시아 국가나 아프리카 국가로 보내겠다고 했다. 운반비는 모두 천주교와 기독교에서 내겠다며 자신들의 의견에 동참해 달라고 설득하였다. 종교 단체의 설득으로 농민들은 밀가루를 제공하였고, 천주교와 기독교는 이를 받아 한국이나 아프리카 등으로 원조를 했다.

1960~1970년대 학교를 다닌 사람들이라면 학교에서 나누어 주던 밀가루 빵과 국가적으로 밀가루 소비를 장려하던 추억이 있을 것이다. 이 밀가루들이 많은 부분 미국에서 원조로 보내온 것이었다.

이렇게 들어온 밀가루는 각 종교단체에 따라 그 해당 교구로 전달되었다. 천주교 측에서 한국으로 보내온 밀가루의 양은 10만 본이었다. 그리고 이를 전국의 본당에 배분을 하였다. 부안에선 지정환 신부가 오기 전까지 매달 40푸대를 제공받았었다. 그리고 1961년 지정환 신부가 주임 신부로 들어와서는 그 양이 2,000푸대까지 확대되었다.

하지만 이 밀가루로만으로는 단순히 배고픔을 해결할지 몰라도 근본적인 주민들의 환경을 개선하고 부족한 먹거리를 해결할 수는 없었다. 새로운 땅에 새로운 농작물을 재배하여 스스로 먹을거리를 재배하고, 농가의 수입을 창출해야만 했다.

이러한 고민들을 여러 곳에서 하고 있었는데, 이미 지정환 신부가 부안본당으로 들어오기 이전 본당 신부 역시 이러한 고민을 하고 있었다. 그는 바닷가에 인접한 부안의 땅을 개척하여 논을 만들겠다고 군청에 신청해 놓았었다. 하지만 시간이 지연되면서 제대로 사업을 시작하지 못했다.

지정환 신부가 새로이 부임을 하면서 이 개간 사업은 적극적으로 진행되기 시작했다. 이미 네덜란드와 같은 곳에서 개간 사업을 통해 토지를 확보한 사례를 알고 있었기에 누구보다 개간에 대한 지식을 보유하고 있었던 지정환 신부였다. 그는 먼저 논을 개간할 만한 장소를 사전에 조사를 하였다. 그 결과 바닷가에 부안여자중학교 내부에 바다에 묻힌 땅이 있다는 것을 확인하였다. 학교 측에서는 땅을 소유하고 있었으나 이를 활용할 생각을 하지 않았다.

그는 즉시 부안여중 측에 그 땅을 개간해서 성공하게 되면, 절반은 학교에 주고 나머지 절반은 성당에서 사용하겠다고 제안하였다. 딱히 그 땅을 사용할 계획이 없었던 부안여중으로서는 거절할 이유가 없는 제안이었다.

먼저 함께 개간을 해야 할 사람들을 찾아야만 했다. 그는 먼저 한 가족이 먹고 살기에 필요한 부지를 조사했다. 조사를 통해 본 결과 한 가족당 1정보(약 3,000평) 정도의 땅이 필요하였다. 그래서 지정환 신부는 자신의 성당에 다니는 신자들 중 일부에게 동참 의사를 물었다.

"만약 개간이 성공하면, 한 가족 당 1정보(3,000평)의 땅을 나눠 드리겠습니다."

동참 의사를 밝힌 사람들이 하나 둘씩 늘어났고, 이들과 함께 지 신부는 농지 개간에 착수하였다. 먼저 수로를 만들었고, 그 후 논을 만들었다. 그에 동의한 일부 주민들은 간척 사업에 매진하기 시작했다.

천주교 신자와 비신자가 각각 절반 정도의 비율이었다. 지 신부는 매일 모은 밀가루 포대 700장을 팔아 강당을 짓고, 원조 받은 밀가루로 사람들의 임금을 지불했다. 하지만 같은 동료 신부들 중에서도 그를 비난하는 사람들이 적지 않았다.

"배급하라고 준 원조 물자를 왜 인건비로 사용합니까?"

힘들고 고된 나날의 연속이었다. 지 신부는 본당(本堂)뿐 아니라 신부가 상주하지 않는 지역인 공소(公所)까지 돌보면서 간척 사업을 감당해 냈다. 자전거로 30리나 되는 자갈길을 달려 공소에 다녀온 날에도 간척사업의 진행 상황을 확인하지 않고서는 잠자리에 들지 않았다. 그 만큼 성당에서 미사와 기도를 드리는 시간을 제외하고 모든 시간을 주민들과 함께 간척 사업에 매진하였다. 함께 고통을 나누며 주민들에게 땅을 일궈줄 그 날만을 기대하였다. 하늘도 감동하였는지 그들의 성과가 드러났다.

간척 사업이 시작하며 먼저 한 가족에서 1정보의 땅을 제공하였다. 그리고 주민들에게 한 가지를 더 제안했다.

"여러분! 이 땅은 모두가 일궈낸 것입니다. 비록 자신이 받게 되는 간척지이지만, 1정보의 땅은 주민 모두가 함께 사용하는 공용지로 사용해야 할 것입니다."

이미 지 신부가 주민과 함께 동고동락하며 살아온 것을 알았기에 그들은 그의 제안에 동의하며 열심히 간척 사업에 몰두하였다.

그리고 열 가족이 더 땅을 받았고, 1정보의 땅에서 모두가 함께 하며 생계를 이어나갔다. 이곳에서의 성공으로 지정환 신부는 다른 곳으로 가서 15정보를 더 만들었다. 사람들과 함께 새로이 논을 만들고, 제공하는 등 보람되고 힘든 나날을 3년 동안 지냈다. 보람된 날이 늘어날수록 지정환 신부의 건강은 극도로 나빠져 있었다.

## 간척 사업과 바꾼 건강

처음 부안에 부임한 1961년 이후 지정환 신부의 매일매일은 강도 높은 노동의 연속이었다. 함께 노력한 대가인지 간척 사업은 성공적이었다. 부안에는 이미 개간된 85정보에 이후의 15정보를 더해 모두 100정보의 새로운 땅이 생겨났다. 한 가족 당 1정보씩의 땅이 돌아갔으니, 총 100가족이 새 삶을 얻게 된 셈이었다.

사람들의 보람과 미소를 보며 자신도 힘을 얻었지만 그의 몸은 점차 이상 징후를 보이기 시작했다. 더욱이 신부의 식사를 준비해 주던 식복사(食服事)를 내 보내고 모든 걸 혼자 해결하다 보니 끼니를 거르기 일수였다.

식복사까지 내 보내게 된 것은 어쩌면 간척 사업과 연관이 있을지도 모른다. 지 신부가 부임하기 이전에 부안성당에서는 주임 신부들이 원조 받은 밀가루로 성당의 살림을 꾸려 나갔다. 그러면서 신자들은 성당의 유지를 위해 의무적으로 내야 하는 교무금(敎務金)에 대한 인식 자체가 없었고, 가져오는 이가 드물었다.

지정환 신부의 부임 이후 밀가루를 모두 간척 사업에 사용하였고, 성당 유지에 필요한 교무금은 줄어들었기 때문에 간척 사업은 활발해 졌을지 몰라도 지 신부의 성당에서의 생활은 식복사까지 내보낼 정도로 어려웠다.

끼니를 제 때 해결하지 못하자 지 신부는 매 달 돈을 지불하고 매일 점심, 저녁 두 끼를 근처 중국음식점에서 해결하게 되었다. 매일 두 끼를 중국음식으로 해결한지 수 개월이 지나자 음식점 주인은 지 신부에게 말을 건넸다.

"신부님! 점심 저녁을 매일 여기서 드시는데, 아침은 성당에서라도 드시나요?"

'아침? 아 내가 아침을 먹은 적이 언제지?'

지 신부는 한참 생각을 하다 그저 멋쩍은 웃음으로 답을 대신했다.

"신부님! 그럼 그동안 아침도 안 드셨어요? 그러다 속 버립니다."

그렇게 말하더니 주인은 주방으로 가 만두를 담은 봉지를 지 신부에게 건넸다.

"그리 굶지 마시고, 저녁에 만두라도 매일 챙겨드릴테니 다음날 아침식사로 드세요. 아니면 위에 탈이 나거나 속병 걸립니다. 부담스러워 하지 말고 받으세요."

삶과 죽음, 희노애락의 모든 것을 하느님의 뜻이라고 여기는 신부 입장에서 마음이 흔들리는 경우는 드물다. 그러나 몸이 약해져서 인지, 지 신부는 그날 만큼 마음 한구석에서

울컥하고 올라오는 것을 어찌할 수 없었다.

"사장님! 사장님은 신자도 아닌데 왜 저한테 이리 잘 해 주십니까?"

"같은 외국인끼리 서로 돕고 살아야 하지 않겠습니까?"

음식점 주인은 화교(華僑)였고, 타국에서 자신처럼 사는 외국인 신부를 안타깝게 여겼던 것이었다.

지 신부는 목이 메였다. 그것은 주인의 따뜻한 마음씀씀이 때문이기도 했고, 그가 사용한 '외국인'이라는 단어 때문이기도 했다.

'그래! 여기서 나는 외국인이었지.'

매끼니마다 기름진 중국 음식으로 해결하고, 가끔 먹는 한국 음식은 아직 익숙해 지지 않은 터라 제대로 된 음식 섭취

> "간척 사업으로 주민들에게 희망과 미소가 생기는 것을 보고 한없이 기쁘고 감사했습니다." 하지만 그 동안 부안주민들과 동고동락해 왔지만 주민들에게 지 신부는 '우리'가 아닌 아직 낯선 벨기에에서 온 외국인 신부였다. 감시의 마음이 가장 컸지만 왠지 모를 공허함이 지 신부의 마음 한편에 남아있었다. 자신이 아직 그들에게 다가가지 못한 건 아닐까 하는 마음에 ······

3. 가난에서 희망을 개척하다

를 못하였다. 더욱이 고된 일도 반복하다 보니 그의 건강도 조금씩 나빠지기 시작했다.

"한국에는 다섯 계절이 있습니다. 봄, 여름, 가을, 겨울, 그리고 지옥! 날씨에 적응하지 못해 습한 장마철은 내겐 정말 지옥이었습니다"

한국에 도착하자마자 시작된 복통과 설사는 장마철이 되면서 더욱 심해졌다. 거의 탈진 상태가 되어 병원을 찾으면 링거 주사를 주는 것이 전부였고, 약은 그저 지 신부의 체질과 전혀 맞지 않은 인삼차였다. 근본을 해결하지 못하고 반복되는 이러한 치료는 병세를 악화시켰다.

좀 괜찮아지는구나 싶으면 다시 복통과 설사가 시작되었다. 그러던 1963년 어느 날, 지 신부는 서울의 한 대학병원을 찾아 검사를 했고, 충격적이고 어처구니없는 진단을 주교로부터 전해 받았다.

"제 소견상 내과적으로는 이상이 없는데 복통과 설사가 반복되는 것을 보니, 이건 틀림없는 정신 질환입니다. 이 사람은 정상적인 업무 수행을 할 수 있는 상태가 아니니, 벨기에로 돌려보내십시오."

주교로부터 이러한 말을 전해들은 지 신부는 기가 막혔다. 정신질환이라니. 지 신부는 기가 막혔다. 주교는 귀국을 권했지만, 그저 받아들일 수는 없었다.

"주교님! 저는 미치지 않았습니다. 제가 다른 곳을 찾아 진찰을 받아보고 아니라는 것을 증명할테니 제게 며칠 휴가를 좀 주십시오."

지 신부는 이제 정말 마지막이라는 심정으로 성바오로 병원을 찾았다. 검사결과를 듣는 순간 지 신부는 하늘에 감사 드렸다.

"담낭(쓸개) 이상입니다. 완전히 기능을 상실해서, 지금 당장 수술을 해서 제거하는 수밖에 다른 도리가 없습니다."

"오, 하느님! 감사합니다."

속에 탈이 난 사람에게 정신이상자라고 했으니 그 동안 지 신부의 속은 얼마나 억울했겠는가? "담낭(쓸개) 이상입니다"라는 말이 그토록 반가울 수가 없었다.

"까짓 쓸개 떼 내는 정도야 정신병자로 몰리는 것보다 낫지 않겠어?"

지 신부는 몇 번이고 안도하였다.

수술은 즉시 이루어졌다. 쓸개 제거 수술! 지금도 가끔 그는 스스로를 '쓸개 빠진 놈'이라고 칭하며 우스갯소리를 한다. 그렇게 수술은 무사히 끝났지만, 담당 의사는 당시 한국의 의료 기술로는 한계가 있으니 모국인 벨기에로 돌아가서 치료를 좀 더 하는 것이 좋겠다고 권유했다. 그리고 몸이 약해질 대로 약해진 상태에서 수술까지 받았으니, 얼마간은 아무것도 하지 말고 쉬어야 한다는 충고도 덧붙여졌다. 지 신부는 한국에 벌여 놓은 일들이 계속 마음에 걸렸지만, 그 자신 역시 이대로 버티는 것은 무리라고 생각했다.

그리하여 1963년 9월, 지정환 신부는 다시 가족들이 있는 벨기에로 돌아가기 위해 김포 공항으로 향했다.

그런데 "원수는 외나무다리에서 만난다"고 했던가? 공항 로비로 들어서던 지 신부는 자신에게 '정신병' 진단을 내렸던 의사와 마주쳤다.

여행 가방을 챙겨들고 공항에 나타난 지 신부를 본 의사는 슬며시 미소를 지었다. 자신의 진단에 대해 한 치의 의심도 없이 확신하는 얼굴이었다. 벨기에로 돌아가느냐고 묻는 의사에게 지 신부는 회심의 한마디를 던졌다.

"덕분에 쓸개 떼 내고, 벨기에에 좀 쉬러 갑니다."

금세 얼굴이 벌겋게 달아오른 의사는 사과도 하지 못하고 황급히 자리를 떠났다. 이후 들려온 소문에 의하면 교수이기도 했던 그는 해마다 새로운 학생들에게 지정환 신부의 이야기를 했다고 한다.

"정신 질환이라고 진단하기 전에, 보고 또 보고 다시 봐라."

벨기에에 도착한 지 신부는 즉시 병원을 찾았다. 진단은 동일했다. 회복을 위해 가족이 있는 집에서 쉬는 일만 남았다.

가족들은 5년 만에 만난 지정환 신부를 지극정성으로 보살

폈고, 그는 점차 체력을 회복해 갔다. 그런데 건강을 되찾고 나니, 조금씩 한국이 그리웠고, 부안의 그들이 그리워졌다. 그리고 6개월 후, 그는 다시 건강해진 몸으로 디디에 세스테벤스에서 지정환으로 돌아왔다.

# 04

운명의 땅 임실로 향하다

두 번째 운명의 만남 임실
천형의 자연을 천혜의 자원으로

# 운명의 땅 로 향하다

두 번째 부임지 임실……. 가난이 되물림되고 있는 천형의 자원을
기진 임실. 꿈도 희망도 없는 주민들에게 지정환 신부는
그들에게 새로운 삶을 제공해 주고 싶었다.
그들에게 가장 많은 시간, 산과 풀, 높은 지대를 이용하여 산양 사육을
시작했다. 환경 탓을 하며 가난을 대물림하던 그 곳 임실.
이제 천형의 자원이 아닌 축복받은 천혜의 자원이 되는 순간이었다.

쓸개 수술을 받고 다시 돌아온 한국 전주교구. 거기서 주교는 지정환 신부를 부안이 아닌 임실로 발령을 하였다.

하지만 지정환 신부는 간척 사업으로 땅을 얻은 사람들이 어떻게 지내는지 궁금했다. 다들 잘 살고 있을까? 얼마나 삶이 변화되었을까? 내심 들뜬 기분으로 한국에 도착하자마자 부안으로 향했다. 하지만 6개월 남짓한 기간 동안 사람들은 모두 땅을 팔고 떠나고 없었다.

간척지의 특성상 가뭄이 오면 염분 때문에 벼가 죽어버리기 십상이다. 게다가 당장의 배고픔과 가난에 허덕이던 사람들에게 갑자기 생긴 많은 땅은 유혹을 이겨내지 못하게 했다. 씨를 뿌리고, 가꾸고, 수확하기까지의 그 시간을 기다리지 못했던 것이다. 함께 고생하며 일군 개간한 땅을 그들 스스로 저당 잡혀 곡식과 술로 바꾸고, 노름빚을 갚는데 써 버렸다. 그들에게 땅은 미래가 아니라 미봉책에 불과했다.

사람들에게 기회를 주고 미래에 대한 희망을 주고자 했던 지 신부였기에 그 충격과 절망은 배가되었다.

'이제 다시는 한국인들의 삶에 깊이 개입하지 않으리라.'

큰 충격에 그 당시에는 다짐을 하고 또 다짐을 했다. 그저 본래의 소임대로 성당에서 미사를 집전하고, 공소에나 착실히 다니며 돌보리라 결심하였다.

그러던 중에 1964년 5월, 전주교구는 지정환 신부를 부안이 아닌 임실로 발령하였다. 임실은 부안보다 인구가 적은 지역이니, 요양에서 막 돌아온 그가 부안에서보다 편히 지낼 수 있을 것이라는 배려에서 내려진 결정이었다.

"살아서는 남원이요, 죽어서는 임실이다."

## 두 번째 운명의 만남 임실

살아서는 물산이 풍부한 남원에서 살고, 죽어서는 산세(山勢)가 빼어난 임실에 묻히고 싶다는 전라도 속담이 있다. 임실의 아름다운 산세를 언급하기도 하지만, 빼어난 산세만큼 산업화나 발전과는 거리가 멀었고, 고립된 지역이기도 하다. 전북에서도 가장 혜택받지 못하고 가난했던 임실의 실제 모습이었다.

　부안에서의 실패 이후 어디든 상관없다고 생각했지만 막상 임실에 도착한 지 신부는 놀라지 않을 수 없었다. 한눈에 보아도 임실의 지대는 높고, 산이 많았으며, 쌀이나 보리농사를 짓기에는 부족한 토지였다. 게다가 군 소재지였지만 고등학교 하나 없었다. 얼핏 보아도 임실 주민들은 부안 주민들을 처음 보았을 때보다 더욱 살기 힘들어 보였다.

　하지만 처음 도착할 때에는 지정환 신부의 생일 즈음이었기 때문에 여러 가지 행사로 정신없었다. 그러나 곧 임실의 현 상황은 눈에 보이는 것만으로도 엄청났다.

　부안에서 받은 상처로 다시는 한국인들의 삶에 개입하지 않겠다고 다짐했지만 임실의 현실을 보니 마음 속 깊이 뭔가 다시 꿈틀대기 시작했다. 게다가 임실 군수를 비롯하여 기관장들과 인사를 나누는 자리에서 군수가 한 말은 지 신부의 마음을 다시 한 번 움직였다.

　"신부님께서 이 곳에 오래 계실 거라 생각하지 않습니다. 다만 신부님께서 이곳을 언제 떠나실 지 모르지만, 떠나실 때 천주교 신자들뿐 아니라 우리 임실 군민 전체에게 뭔가 하나쯤은 꼭 남겨 주셨으면 하는 겁니다."

　'과연 내가 이 사람들에게 대체 무엇을 남겨 줄 수 있을까?'

　지정환 신부는 돌아와서 며칠 동안 이 생각에서 벗어나질 못했다.

'무엇을 해야 할까? 이들에게 필요한 게 뭘까.'

지 신부는 무엇보다 사람들과 가까워지는 것이 우선이라 여기고 먼저 사람들에게 다가갔다. 그 당시 외국인이 한국에 있는 것도 상당히 드문 일이었는데, 두메산골 임실에 외국인인 지정환 신부는 주민들의 눈에 신기하고 낯선 인물이었다. 꼬마들은 그를 '코 큰 중국인'이라 부르며 졸졸 따라다녔다. 외국이라고는 일본과 중국밖에 모르던 산골 아이들의 눈에 그는 코가 유달리 큰 중국인이었던 것이다. 게다가 외국인이 한국말까지 쓰니 주민들 눈에는 더욱 신기하였다.

그는 사람들의 호기심 어린 눈빛에 동요하지 않고, 농담도 건네고, 먼저 말을 걸며 주민들 생활 속으로 파고들었다. 임실 주민들도 처음에는 낯설어 하다가도 시간이 지나면서 지 신부의 진심을 알고 점점 가까워지기 시작했다.

지 신부는 가까워진 임실 자체의 현실과 주민들의 생활 모

> "다시는 한국인들의 삶에 개입하지 않겠다고 마음 먹었어요. 그런데 임실에 도착하여 보는 순간 마음이 흔들렸고, 군수의 말을 듣는 순간 굳게 다짐했던 마음의 빗장이 풀리는 듯 했어요."

습을 보기 시작했다. 전라북도 임실은 남원, 순창, 섬진강에 인접하여 있는 곳으로 노령산맥 동쪽 사면의 산악지대이며 해발 고도가 높은 고랭지이다. 빼어난 산세이긴 하나 척박한 땅이다.

특히 임실은 우리나라 주식인 쌀이나 곡물을 생산하기에 너무나도 부족한 토지를 갖고 있다. 곳곳에 높고 낮은 산이 있고, 온통 풀로 가득했다. 스위스나 덴마크처럼 양이나 젖소를 키운 경험이 없었기 때문에 임실 주민들은 오로지 농작물 재배만 고려했고 고랭지에서 생산이 가능한 고추나 고구마 등을 재배하며 살아가고 있었다.

고추나 고구마 역시 늦가을에서부터 겨울에 이르면 재배가 중단되었고, 휴지를 이용하려는 다른 방법도 전혀 고려되지 않았던 곳이었다. 따라서 임실 사람들은 거듭되는 가난에서 헤어 나오질 못했다. 어떤 새로운 생각을 시도할 겨를도 없었다. 그들은 천형의 가난이라고 하며 가난과 굶주림을 그대로 받아들이고 있었던 것이었다.

네덜란드가 땅이 바다보다 낮다고 하여 모두가 방관하고 땅 탓만 했더라면 풍차의 나라 네덜란드가 없었을 것이다. 임실도 새로운 생각을 가지고 새롭게 도전할 사람이 필요했고, 이를 이끌 그 누군가가 필요했다.

임실이 그것에 맞게 변화하지 않으면 주민들은 여전히 가난을 대물림하며 살아갈 것이 뻔했다. 부안에서의 다짐을 뒤로 하고, 지 신부는 임실 주민들과 어떻게 극복해 나가면 될지를 고민하기 시작했다.

'이들에게 가장 먼저 필요한 것은 무엇인가를 시작할 수 있는 돈이겠구나!'

그러면서 전라북도 이리(익산)에서 시행되고 전주로 확대된 신용협동조합이 떠올랐다.

신용협동조합을 거론하기 전에 그라민 은행을 한 번 들여다보자. 2006년 노벨 평화상에 방글라데시의 그라민 은행 총재인 무하마스 유누스 박사가 수상하며 그라민 은행의 존재가 부각되었다. 그라민 은행은 빈민구제라는 목적을 위해 설립된 것으로 일반인들의 돈을 모아 그 돈을 대출하는 것이다. 처음에는 27달러를 42명에게 빌려 준 것에서 출발했다. 처음 소규모의 사업을 시작하거나 심지어 노점상 달걀 장사를 시작하더라도 아무런 조건 없이 대출해 주었다. 대부분 여성들에게 대출하고, 추가 대출결정은 이전의 대출금을 상환했는시를 보고 결정한다. 신뢰와 빈민 구제를 목적으로 한 이 사업은 현재 98%의 상환을 하며 그 성공률을 높이고 있다.

이러한 그라민 은행이 한국에서 60년대 있었던 신용협동조합과 유사하다고 볼 수 있다. 물론 유례나 특성을 볼 대 그라민 은행과 차이는 있지만 대출 방식과 상환하는 방식에 있어 비영리 목적으로 이루어진 것을 보면 그라민 은행과 일부분 비슷하다고 볼 수도 있다.

신용협동조합은 지역, 종교, 단체 등 상호유대를 가진 개인이나 단체간의 협동조직을 기반으로 한 비영리단체로 1890년 독일에서부터 시작되었다. 한국에서는 1950년대 부산 메리놀 병원(가톨릭계 병원)에서 간호사와 그 지역 사람들의 작은 돈들을 모아 그 돈을 다른 사람에게 대출해 주는 성가신용협동조합이 그 처음이었다. 유럽에서는 이전부터 실시하며 성공한 케이스였기에 그것을 알고 있던 수녀들이 한국에 맞게 변형시켜 시도한 케이스였다.

신용협동조합이 나날이 확대되었고, 지 신부 역시 신용협동조합에 관한 이야기를 알고 있었다. 그는 처음에는 신용협동조합 설립에 반대하는 사람 중 한 명 이었다. 조합 교육을 받고 온 청년들이 지 신부에게 이야기 했지만, 신부가 돈놀이를 한다는 생각을 떨칠 수 없었다.

그렇지만 사람들의 설득과 어쩌면 이것이 주민들이 조금 덜 가난하게 살게 할 수 있을지도 모른다는 생각도 내심 하게 되었다.

거수를 통해 조합의 설립 여부를 결정하는 자리에서 가장 먼저 손을 든 건 지정환 신부였다.

협동을 주제로 한 강의에서

60년대 임실의 모습

신용협동조합 앞에서

산양을 키우며 임종까지
지정환 신부와 함께 했던 노인

"내 서랍 속에서 뒹굴면 아무것도 아닌 돈이지만, 그것이 모이면 누군가의 인생을 바꿀 수도 있다."

신용협동조합의 취지에 충분히 공감하게 된 그는 스스로 임실 신용협동조합의 제1호 조합원이 되었다.

사람들에게 1원, 1전까지 모두 저축하라며 협동조합원들이 자전거를 타고 온 동네를 돌아다녔다.

"단돈 1원이라도 좋습니다. 그 돈이 모여서 10원, 100원, 그리고 1,000원이 되는 겁니다. 그 돈이 모여 자금이 되고, 새롭게 일을 하고자 하는 사람들은 그 돈을 빌려 새롭게 일을 시작하는 것입니다. 여러분! 지금의 안위만 생각지 말고 자산과 아이들의 미래까지 생각하십시오."

처음에는 별 소득이 없었으나 점차 많은 사람들이 아주 적은 돈이라도 저축을 하기 시작했고, 이렇게 모인 돈은 새로운 농지를 일구거나 급히 돈이 필요한 사람에게 이자 없이 대출했다. 대출액을 돌려받기 위해서는 작은 규모로 신자들 중심으로 이루어져야만 했다.

> 단돈 1원. 그 당시 1원은 농촌 유일한 은행이었던 농협에서도 저축할 수 없는 작은 액수였다. 하지만 신용협동조합은 액수의 크기를 따지지 않았다.

하지만 지정환 신부는 가톨릭 신자만 국한하지 않았다. 처음에는 가톨릭 신자에게 대출을 했으나 그가 지정한 날에 돈을 상환하지 않으면 그는 더 이상 신부나 수녀를 만날 수 없게 되고, 종교까지 버리게 될 가능성이 있었기 때문이었다.

그래서 그는 가톨릭뿐만 아니라 기독교, 불교신자까지 그 범위를 확대했다. 하지만 지 신부는 융자 대상자에게 종교를 묻지 않는다는 원칙을 버리지 않았다. 종교와 상관없이 원하는 사람은 누구나 조합원이 될 수 있었고, 기독교나 불교 신자라고 해서 불이익을 받는 일은 전혀 없었다.

그 뿐만 아니라 그는 대출 대상자의 결정과 대출금의 회수 등 일련의 과정을 담당하는 여신(與信) 위원으로 같은 천주교 신부뿐 아니라 목사와 승려를 위촉했다. 천주교 신자만을 위한 조합이 아니라는 것을 공개적으로 표명한 셈이다.

대신 여신 위원의 '종교별 교차 방문', 즉 천주교 신자가 돈을 상환하지 않으면 목사나 스님이 찾아가 대출액 상환을 알리고, 불교 신자에겐 신부나 목사가, 기독교 신자에게 신부나 스님이 가서 상환을 알리는 방식이었다.

너무나도 가난한 시골 마을에서 처음부터 신용협동조합이 자리잡거나 목돈도 마련되기 어려웠다. 하지만 시간이 갈수록 주민들은 술값을 아끼고, 버스비를 아껴가면서 저축하고, 그 돈이 쌓이면서 액수가 증가하였고, 조합원의 수도 점차 증가하였다.

그렇게 모아진 돈은 새로운 농지를 일구거나 급히 돈이 필요한 사람들에게 이자 없이 대출해 주었다.

처음에는 당장 끼니 때울 돈도 없는데 저축은 무슨 저축이냐며 타박을 일삼던 사람들도 시간이 지날수록 조금씩 변해 갔다. 신용협동조합에의 참여가 '남'을 돕는 일이 아니라 결국은 '나'를 돕는 일임을 그들 스스로 인식해 갔던 것이다.

## 천형의 자연을 천혜의 자원으로

임실에 부임할 당시 지 신부는 부안에서부터 함께 생활해 왔던 노인과 함께 왔다.

그는 부안에서 노숙 생활을 하던 걸인이었는데, 아사 직전의 상태인 노인을 신부가 자신의 숙소로 데려왔던 것이다. 마침 식복사까지 내보낸 터라 신자들에게는 그 노인을 "가정부 대신이다"라고 말한 후 지 신부와 노인은 함께 지내왔었다.

그 노인은 지 신부가 임실에 부임한 후 키우던 산양(山羊) 두 마리를 도맡아 키웠다. 산양 두 마리는 부안성당에 있던 시절, 평소 잘 알고 지내던 삼례의 오기순 신부로부터 얻어 온 것이었다. 오 신부는 이탈리아 유학 시절 산양유 먹는 법을 알게 되어 한국에 돌아온 후 직접 산양을 기르고 있었다.

산양을 얻어온 것은 지 신부의 소일거리라는 명분일지 몰라도, 사실은 노인에게 산양을 키워 용돈벌이라도 되면 좋겠다는 생각에서였다.

당시만 해도 동물의 젖을 먹는다는 게 낯설던 시대이다. 하지만 산양유가 환자 회복에 좋다는 소문이 퍼지면서 노인은 산양의 젖을 짜 환자에게 배달하는 일을 시작했다. 소문이 나면서 노인의 산양유를 찾는 이도 증가했다. 그러던 어느 날 노인이 다급히 지 신부에게 이야기했다.

"신부님! 어떤 젊은이가 자꾸 와서 산양 두 마리 중 한 마리를 팔라고 하는데요?"

"그건 어차피 할아버지 재산이니까, 할아버지기 알아서 하세요."

"신부님! 가격은 얼마나 해야 할까요?"

"할아버지! 그래도 할아버지가 그동안 잘 키우고 했으니 5천원은 받아야 하지 않겠어요?"

그 다음날 청년이 노인을 찾아왔다. 다시 가격을 물었다.

노인은 지 신부가 말했던 거처럼 5천원을 이야기 했다. 산양 한 마리에 5천원 그 당시 결코 비싼 가격이 아니었지만 청년은 지 신부까지 찾아와 이야기했다.

"신부님! 어떤 일이라도 해 보고 싶은데 제게는 그 돈이 없어요. 3천 원에는 도저히 안 될까요?"

지 신부는 거절을 했고, 청년은 실망한 채 돌아갔다. 하지만 어깨가 축 늘어진 그 청년의 모습이 밤새 눈에 아른거렸다. 결국 수소문 끝에 그 청년의 집을 알아보고 그를 찾아갔다.

찾아간 청년의 집을 보고 지 신부는 한동안 말을 이어나가지 못했다. 산비탈에 있는 청년의 집 앞에는 돼지 배설물이 가득이었다.

"아니 이 배설물을 다 어디서 가져왔나요? 뭐에다 쓰려고? 직접 돼지를 기르지도 않는데?"

지 신부의 말에 청년은 대수롭지 않은 듯 대답했다.

"가진 게 없어서 산비탈을 개간해 뽕나무밭을 만들고, 거기에 거름을 주려고요. 그냥 아랫마을에서 지게로 300여 번 지어 옮겼을 뿐이예요."

청년의 이 말에 지 신부는 감동을 받았다. 그리고 3천 원에 산양은 청년의 소유가 되었다.

청년은 모두가 절망하고, 가난하게 태어났기 때문이라고

탓할 때, 스스로 인생을 바꾸려고 끊임없이 생각했던 것이었다. 그는 산비탈을 개간하고, 뽕나무, 고구마, 고추 등 그 토지에 맞게 무언가를 계속 심고 재배하였다.

그러다가 청년은 가축 사육을 생각했는데, 소는 너무 비싸 엄두도 나지 않았고, 돼지는 노동에 비해 쓸모가 없었다. 그러던 중 어떤 노인이 산양유를 판다는 소리를 들었고, 산양의 주인이 지 신부라는 이야기를 들었다. 그리고 그도 자투리 시간에 산양이라도 키우려고 지 신부를 찾아간 것이었다.

지 신부와 청년의 만남은 계속되었다. 청년은 임실에서도 깨어있는 젊은 사람이었다. 그는 유럽에서 산 지정환 신부에게 유럽식 농촌 생활에 대하여 물었다. 그리고 고구마나 고추 등도 지형이 높고 산이 많아 제대로 작물되지 않았고, 다른 품종들을 재배하는 것도 계속 실패하자 다른 사람들과 이러한 내용들을 의견 교환할 수 있으면 좋겠다는 뜻을 비치기 시작했다.

그는 자신의 집은 사람 한명이 누울 공간밖에 되지 않아 자신과 생각을 같이 하는 젊은이들이 모여 의견을 교환하기에 어렵다고 했다.

"그럼, 성당에서 모이세요."

지 신부의 제안에 당황한 것은 청년은 놀랐다.

**4. 운명의 땅 임실로 향하다**

"신부님 저희 모두 기독교 입니다. 저희들은 가톨릭 신자도 아니고, 성당도 다니지 않아요. 그런데도 성당의 신부님 처소를 저희에게 제공해 주신다구요?"

당시 임실 주민의 대다수는 기독교인이었다. 비록 인구는 적었지만, 기독교인의 비율은 다른 어떤 지역보다 높았다.

이러한 질문에 지정환 신부는 그 특유의 웃음으로 이야기했다.

"종교가 무슨 상관이요. 난 책상에서 공부하고 있을 테니 나의 기도나 공부만 방해하지 않는다면 당신들은 내 집에서 의견들을 교환하세요."

이러한 지 신부의 답에 청년은 놀라움과 감사를 표하며 한 달에 한 번씩 지 신부 집에서 젊은이들과 함께 회의를 하기로 했다.

그들의 첫 회의. 그들은 책상에 앉아 있는 지정환 신부에게 물었다. 내심 지정환 신부 역시 자신의 방에서 회의하는 그들이 무슨 이야기를 하고 있는지 귀담아 듣고 있었던 터였다.

그들이 지 신부에게 물어본 것은 유럽에서의 농업 방식이었다.

"같은 농촌인데, 왜 유럽의 농촌은 부유하고 한국의 농촌은 가난할까요?"

"벨기에도 예전에 농촌이 가난했어요. 봄 외에는 1년 내내 흐리고 습한 날씨가 계속되기 때문에, 수확기에 큰비가 내리기라도 하면 그야말로 한 해 농사가 완전히 헛수고가 되는 겁니다. 하지만 우리 조상들은 그런 악조건을 극복해 내려고 죽을힘을 다해 노력했고, 그때 그 조상들의 수고로 지금의 벨기에가 있는 거지요. 한국에도 바로 그렇게 죽을힘을 다해 노력하는 사람들이 필요합니다. 만약 당신들이 그렇게 한다면, 적어도 당신들 다음 세대에게는 지금까지와는 다른 세상이 펼쳐지겠죠."

이어 지 신부는 유럽식 농업을 한국에 바로 접목하는 것보다 우선 그들이 무엇을 할 수 있는지 무엇을 활용할 것인지 파악하는 것이 중요하다고 했다.

그러면서 지 신부는 그들에게 물어보았다.

"여러분이 작년 한 해 동안 일한 시간을 계산해 보세요. 각자 결과를 정리해서 다음 시간에 만나 얘기해 봅시다."

무슨 의미로 그런 이야기를 했을까 의아해 하는 젊은이들은 집으로 돌아가 곰곰이 생각했고 정확히 한 달 뒤 지 신부 방에 다시 모였다.

"자 내가 지난달 이야기 했던 당신들이 작년 한해 일한 시간을 생각해 봤어요? 그래 얼마나 일했습니까?"

이러한 질문에 젊은이들은 하나 둘 자신들의 이야기를 했다. 어떤 이는 석 달, 어떤 이는 넉 달 그 중 제일 많은 이가 여섯 달이었다.

"아니 이 중에 제일 많이 일한 사람이 1년에 여섯 달이라 구요? 그럼 1년 중 반은 놀고, 반은 일했단 말이에요? 어떻게 그럴 수 있죠?"

지 신부는 놀라지 않을 수 없었다.

이에 청년들은 이야기 했다.

"하고 싶어도 할 게 없어요. 무료하니까 다들 술을 마시거나 노름을 하게 되는 거고."

이에 지 신부는 젊은이들에게 이야기했다.

"여러분들에게 가장 많은 것이 무엇인지 알겠어요? 먼저 당신들에게 가장 많은 것은 시간이네요. 시간이 많다는 거, 지금 여러분들에게는 아주 큰 보물과 같은 거에요. 그리고 임실에 가장 많은 것이 산과 풀이지요? 잠깐 따라 나와 봐요. 내가 여러분들에게만 있는 진짜 보물을 보여줄게요."

젊은이들은 어리둥절하며 지 신부를 따라 나갔다.

지 신부는 젊은이들을 데리고 산으로 올랐다.

"자 이게 여러분들의 보물입니다. 보물!"

지 신부가 말하는 보물은 다름 아닌 풀밭이었다.

"아니 신부님! 저 풀은 소, 돼지도 먹지 않는 풀이예요."

"그렇죠. 소, 돼지도 먹지 않는 이 풀로 농사도 못 짓고, 아무 것도 할 수 없지만, 이 환경도 여러분들이 가진 혜택일 수도 있어요. 시간도 있고, 환경도 있고… 이 많은 요소들을 이용해 여러분들이 할 수 있는 게 뭘까요?"

모두가 의아해 했다. 이 때 지 신부가 젊은이들을 향해 이야기 했다.

"산양!"

산양을 키우기에 이 환경은 안성맞춤이었고, 키워본 경험이 있는 터라 청년들이 산양을 키워 산양유를 비농기에 팔면 되겠다는 생각이었다.

젊은이들은 어떻게든 가난을 벗어나고자 했고, 지 신부의 말에 적극 동의했다. 그들의 눈빛은 결의에 차 있었다.

환경 탓을 하며 가난을 대물림하던 그 곳 임실. 이제 천형의 자원이 아닌 축복받은 천혜의 자원이 되는 순간이었다.

> 모두가 가진 보물! 바로 시간과 이 풀밭입니다. 환경을 탓하지 말고, 이것을 활용할 수 있는 방법을 찾아 봅시다. 이 모든 게 여러분에게 보물이 될 것이다.

# 05

코쟁이 신부의 임실치즈 도전기

서양 두부에의 도전
치즈공장의 설립과 계속된 실패
치즈의 노하우를 찾아서: 공산당원의 비밀노트

# 코쟁이 신부의 임실치즈 도전기

남아도는 산양유를 해결하는 방법을 고민하다 지정환 신부는
치즈를 생각해 냈다. 치즈를 그다지 좋아하지 않는
지 신부와 치즈의 '치'자도 모르는 주민들이 치즈 만들기에 도전했다.
우연히 벨기에에서부터 가져온 응고제와 산양유, 시장에서 산
비눗갑으로 그들의 도전은 시작되었다.

임실의 젊은 농사꾼들에게 가장 많은 것이 시간과 풀, 산이라는 것을 발견한 지정환 신부와 젊은이들은 젖소보다 싸고 산간 지대를 효율적으로 이용할 수 있는 산양 사육을 하기로 결정했다. 먼저 지정환 신부가 자신이 키우던 산양을 그들에게 나누어 주었다. 그리고 젊은이들이 한 마리, 두 마리 산양을 점차 구입하고 사육하며 산양의 수는 확대되었다.

지정환 신부는 그들에게 산양을 키우면서 이 양들이 새끼를 낳으면 자신에게 한 마리씩 분양을 해 달라고 했다. 왜냐하면 그 새끼 산양을 지정환 신부가 받아 다른 사람에게 분양하려고 했기 때문이었다. 그러면 더욱 많은 사람들이 산양을 사육할 수 있게 되고, 모두가 함께 사육을 할 수 있었기 때문이었다.

몇 명의 젊은 사람들과 의기투합하여 산양을 사육하고, 분양을 계속하면서 어느새 인원은 12명으로 늘어났다. 특히 산양을 분양하고, 상호 유대를 강조하기 위해서는 하나의 단체를 만들 필요가 있었다. 그래서 지 신부와 이들은 신용협동조합을 토대로 1966년 12월 정관을 만들고 산양협동조합을 설립하였다.

드디어 본격적인 산양 사육을 체계화하는 계기가 되었다. 비록 12명이라는 적은 수였고, 참여할 의사만 있는 사람들이 자발적으로 참여한 것이었지만, 목적을 위해 조직을 체계화했던 것이었다.

## 서양 두부에의 도전

임실이라는 지역에서 지형을 이용한 산양을 키우기 시작하면서 점차 이들은 산양 전문가가 되어가고 있었다. 산양의 수가 조금씩 늘어났지만 산양만을 키우면서 생계를 유지하기는 힘들었다. 그 시대에 우유가 사람들에게 보편적으로 다가갈 수 있는 것이 아니었고, 인식조차 개선되지 않았기에 그들의 산양유 공급은 단지 주변의 환자나 병원에게 공급하는 것으로 생계를 유지할 뿐이었다.

생각보다 산양유가 팔리지 않고 소득이 크게 발생하지 않자, 산양 사육과 산양유를 제안한 지정환 신부는 매일 밤 괴로움에 밤잠을 이루지 못했다. 지정환 신부만 바라 보고 있는 조합원들에게 자신이 힘들어하거나 괴로워 하는 내색을 할 수 없었다.

산양 사육이 증가하는 것과 비례하여 산양유를 버리는 것도 증가했다.

"신부님! 남아돌아 매일 버려지는 이 산양유가 너무 아깝습니다. 우리가 어떻게 만든 산양유인데요. 다른 방법이 없을까요?"

사람들은 계속해서 이야기했고, 지정환 신부는 아무런 대꾸도 하지 않을 채 무언가를 깊이 생각하였다.

"치즈?!"

'아니 내가 왜 치즈를 생각 못했지? 벨기에에서도, 유럽에서도 많은 이들이 즐겨먹는 치즈. 남는 우유로 그걸 만들면 되지 않을까?'

지난 며칠 동안 지 신부는 산양유로 만들 수 있는 모든 것을 생각했고, 버리는 것 외에 무엇을 할 수 있을지 밤낮을 새우며 고민하고 있었다. 연유나 분유 같은 가공 식품도 고려해 보았지만, 그것을 만들어낼 시설비용을 감당해 낼 수 없었다. 그리하여 궁리 끝에 생각해 낸 것이 바로 치즈였다.

치즈의 경우 유럽에서는 집에서 직접 만들어 먹기도 하고,

성당의 신부들이 직접 만들어 먹거나 나눠 먹기도 했다. 웰빙 시대라고 하여 요즘은 집에서 치즈를 만들어 먹는 경우도 있듯이 말이다.

그동안 치즈를 먹긴 했지만 사실 지정환 신부는 벨기에에 있을 때부터 치즈를 별로 좋아하지 않았다. 좋아하지 않는 음식인데 치즈를 만들어 보긴했겠는가? 그렇지만 이미 부안에 있을 때부터 뭔가를 하면 될 것 같다는 생각은 늘 마음 속에 있었던 터라 뭐든 하면 될 것 같았다.

'그래! 배워서 하면 되지 뭐!'

이렇게 생각하고 지 신부는 사람들에게 '치즈'를 만들자고 했다.

"치즈? 치즈가 뭐야? 너 알아? 치즈?"

"아니!", "아니!", "아니!"

여기저기서 '아니'라는 말이 나왔다. 그만큼 임실의 젊은이들에게도 치즈란 생소한 것이었다. 어떻게 만드는지, 어떻게 먹는지 조차 몰랐던 이들이었다. 지정환 신부는 아무렇지도 않게 치즈를 생각해 냈고, 두부를 만드는 것처럼 치즈 역시 단순한 것으로 생각하였던 것이다.

"치즈? 신부님! 그게 음식입니까? 어떻게 생긴건가요? 전 본 적도 먹어 본 적도 없습니다. 산양유도 못 팔고 있는 이 처지에 치즈인지 뭔지를 만들어 어디에 판답니까? 또 그리 만들어 놓고 못 팔아서 버리는 처지가 되면요?"

예상했던 대로 사람들은 반발하기 시작했다. 당연히 치즈가 뭔지도 모르는 이들에게 치즈라고 이야기 했으니 당연한 것일지도 몰랐다. 일단 그들에게 치즈가 무엇인지 설명해 줄 필요가 있었다. 지 신부는 곰곰이 생각했다.

'이 사람들에게 치즈를 어떻게 설명하지?'

그러던 순간 머리속을 스치는 것이 있었다. '두부'였다. 물기를 빼고 굳히는 것이 치즈 만드는 과정과 유사하고, 색깔도 비슷하고 얼핏 보면 모양도 비슷해 보였다.

"여러분! 치즈는 미국이나 유럽에서는 자주 먹는 거예요. 여러분은 아직 접해보질 못해서 그럴 수 있는데 …… 뭐라 이야기해야 여러분이 쉽게 이해할 수 있을까요? 그러니까 쉽게 생각해서 우유로 만든 두부라고 이해하면 될 것 같아요."

우유로 만든 두부? 사람들은 조금씩 이해하기 시작했다. 그리고 임실에 지 신부가 부임하고 이후부터 협동조합과 산

> 남아도는 산양유 처리에 모두가 힘들어 했다. 그 때 떠올랐던 것이 '치즈'였다. 생소한 치즈를 만들어 보자는 이야기에 사람들은 동요했지만 지 신부를 신뢰하던 조합원들은 이내 치즈 만들기에 동의했다.

양 사육을 비롯한 일련의 과정들을 거치면서 지 신부에 대한 신뢰가 커져 있었던 터였다.

"아니! 신부님이 우리한테 해 될 일을 시킬 분입니까? 우리가 잘 모르는 것에 대한 답을 찾아주신 것일지도 모르잖소?"

이제 그들에겐 다른 대안이 없었다. 그리고 자신들이 믿는 지 신부 아닌가? 그리고 자신들을 위해 함께 노력하는 지 신부였기에 믿음을 가질 수 밖에 없었다.

약간의 동요는 있었다. 하지만 다시 한 번 지 신부와 함께 시작해 보기로 했다.

"신부님! 치즈요? 그게 뭔지 아직은 잘 모르겠지만, 한번 해 봐요."

1966년 5월, 지정환 신부는 산양을 키우던 조합원들과 함께 첫 번째 치즈 만들기에 도전하였다. 유럽에서 치즈는 두부처럼 일상적으로 먹는 식품이었고, 두부역시 콩과 응고제만 있으면 가능한 것이었기 때문에 그는 아무런 의심도 없이 응고제와 우유만 있으면 치즈를 만들 수 있다고 생각했다.

하지만 치즈 만들기는 절대 그의 생각처럼 단순한 일이 아니었다. 그냥 우유에 응고제만 넣는다고 만들어지는 것이 아니라, 원료와 유산균의 종류, 수분 함유량, 그리고 숙성 방법에 따라 그 맛과 종류가 천차만별이었던 것이다.

치즈는 알려진 종류만 2,000여개가 되며, 현재 만들어지고 있는 종류만 500가지 정도가 된다.

치즈의 기원에 대해서는 여러 가지 설이 있다. 중앙아시아의 유목민이 치즈를 발견했다는 설도 있고, 신석기 시대 동물의 젖을 응고시켜 그릇에 보관한 동굴 벽화에서 흔적을 발견하여 신석기 시대부터라는 설도 있다. 그리고 치즈의 역사는 사람이 처음으로 짐승으로부터 젖을 얻은 때부터인데 성서에는 다윗(David) 왕에게 바쳐진 '가축에서 얻은 치즈'에 대한 언급이 등장한다. 이는 소나 다른 짐승에게서 얻은 젖이 기원전 1000년 경에 이미 치즈 제조에 사용되었음을 보여 주는 것이다.

하지만 로마 시대에 들어서면서부터 치즈 제조와 관련한 숙련된 사람들이 생기면서 지금과 유사한 다양한 종류의 치즈를 만들어 먹었다. 또한 중세 시대에는 민족의 이동으로 지역에 따라 치즈 제조 방법 또한 다양하게 발전했다. 하지만 치즈는 로마 시대 이후 페스트 등 전염병으로 인해 제조가 중단되거나 제조 방법이 퇴보하였고, 가톨릭의 수도원 등지에서만 만들어 지기 시작했다. 이것이 포르살류(Port Salut)치즈인데, 보통 성가치즈라고도 불리며, 부드럽고 냄새가 적게 나 많은 사람들이 애용하는 치즈 중 하나이다.

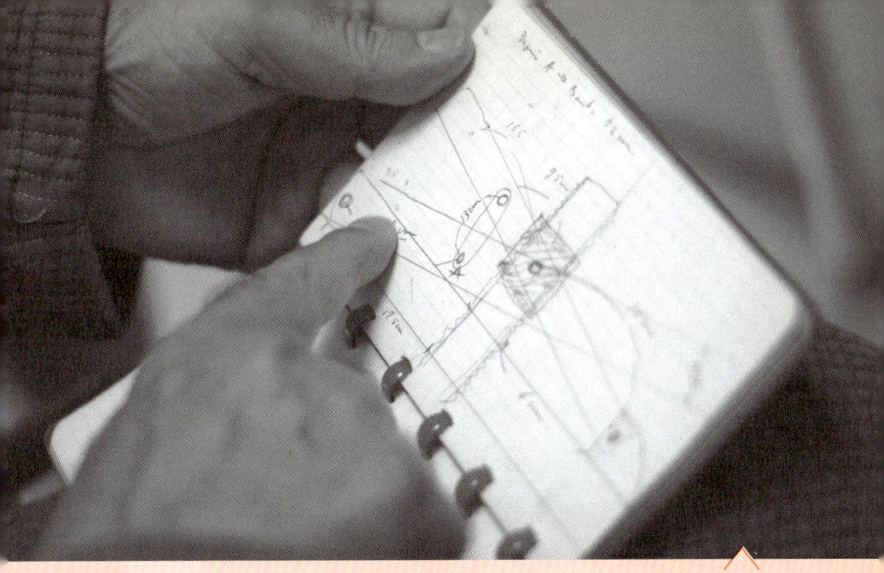

지정환 신부가 치즈 제작 과정을 직접 기록한 수첩

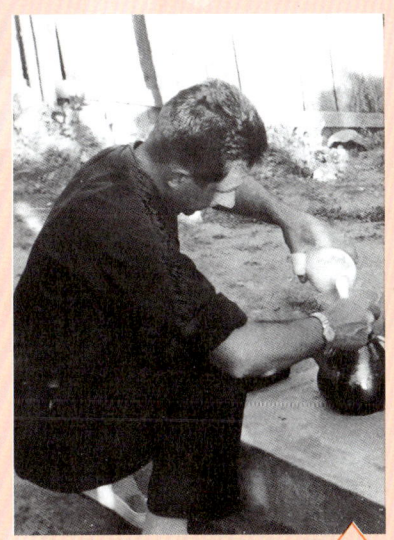

약탕기를 이용해 치즈를
만들고 있는 지정환 신부

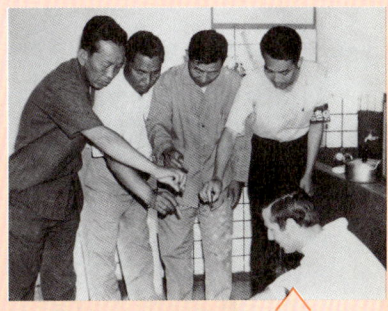

임실 군수가 참석한 치즈 제조 시연회

공장 뒤 야산, 발효실용 토굴 공사

특히 우리가 대부분 알고 있는 치즈 이름들은 어떤 수도원이나 지역에서 생산되었는지에 따라 그 이름을 붙여 나온 경우가 많다. 예를 들어 카망베르(Camembert)치즈는 프랑스혁명 이후 탄압을 받았던 성직자들이 탄압을 피해 온 곳이 카망베르라는 지역이었는데, 그들이 수도원에서 습득한 연질 치즈를 이용하여 만든 것이다. 북유럽 사람들이 가장 선호한다는 에멘탈(Emmantal)치즈 역시 종교전쟁으로 사람들이 스위스 에멘탈 지역으로 숨어들어가 거기서 치즈를 만든 것에 유래한 것이다.

치즈가 수도원에서 발전되었기 때문에 유럽의 경우 신부들이 치즈에 대해서는 지식이 풍부한 경우가 많다. 하지만 지 신부의 경우 외국에서 수도원 생활을 오래하지 않고 신학대를 졸업하자마자 한국으로 왔기 때문에 사실 치즈 제조나 치즈에 대해서는 많은 지식이 없었다.

하지만 이제는 자신만을 바라보는 임실의 젊은이들을 위해 치즈를 만들어야 했다. 그러려면 응고제가 필요했다. 하지만 치즈도 모르는 임실 이곳에 응고제가 있겠는가?

거듭된 고민을 하던 어느 날이었다. 책상 앞에서 한참을 고민하다 우연히 평소에 잘 쓰지 않던 책상의 맨 아래 서랍을 열었다.

"이게 뭐지? 아니 이거 응고제 아냐? 이게 왜 여기에 있지?"

책상 서랍에 있었던 것은 치즈를 만드는데 필요한 응고제였다. 사실 딱 한번 치즈 제조 과정을 벨기에에서 본 적이 있었는데, 그냥 무심결에 그 공장에서 뭔가를 하나 샀다. 그리고 한국에 올 때 전혀 사용할 일도 없었을 그것을 챙겨 넣었다. 그게 응고제였던 것이다.

'치즈를 만들라는 뜻이었을까?'

지 신부는 한참을 그 응고제를 쳐다보았다.

'이 역시 주님의 뜻일거야.'

지정환 신부는 한참을 기도했다.

넘쳐나는 산양유에, 드디어 응고제까지 구했으니 치즈 틀만 있으면 됐다. 그래서 그는 틀을 찾아 시장을 돌아다녔고, 우연히 비눗갑을 발견했다. 삼각형 사각형 모양의 비눗갑이 즐비했다. 비누는 얼핏 보면 두부보다 더 치즈와 비슷한 모양이었다. 그는 이 비눗갑이 치즈 틀로 안성맞춤이라고 보았고, 그것을 몇 개 구입하여 돌아왔다.

> "독수리가 보금자리를 휘저으며 새끼들 위를 맴돌다가 날개를 펴서 새끼들을 들어올려 깃털 위에 얹어 나르듯 주님 홀로 그를 인도하시고 그 곁에 낯선 신은 하나도 없었다."
> (구약성서 신명기 32: 11~12)

돌아오자마자 비눗갑을 깨끗이 씻고, 그 안에 산양유와 응고제를 섞은 후 2주간 보관하며 물이 빠지게 하였다. 그런데 문득 또 한 가지 걱정이 밀려들었다.

'그냥 보관하게 되면 부패하거나 파리 떼가 몰려들지 않을까?'

그래서 지정환 신부는 목수를 불러 비눗갑에 맞게 특수 모기장을 만들어 달라고 요청했다. 그리고 그 모기장에 산양유와 응고제를 섞은 것을 보관하였고, 그렇게 2주가 흘렀다.

드디어 떨리는 손으로 치즈가 담겨져 있는 비눗갑을 열던 지정환 신부와 숨죽이며 그 모습을 바라보던 사람들 모두 떨렸다.

드디어 뚜껑을 여는 순간 희열이 가득찼다. 맛은 아니어도 치즈가 생긴 것이었다. 무언가가 만들어졌다는 사실로도 충분히 벅찼다. 모두가 박수를 치며 환호성을 쳤다. 그리고 다들 처음 보는 치즈에 대한 평가를 하기 시작했다.

"이거 냄새가 완전히 발 썩는 냄새네. 무슨 음식 냄새가 이렇대?"

"청국장도 구린내가 나는데 이 치즈라는 건 그 구린내가 더한 것 같아."

"그러게! 서양 사람들은 이걸 어떻게 매일 먹는대?"

"음……. 먹어봐. 이게 의외로 고소하기는 하네."

"그래? 어디, 나도 좀 줘 봐."

저마다 치즈를 한 번씩 맛보더니 이런 저런 평가가 이어졌다. 이상하다며 뱉어버리는 이가 있고, 고소한 맛이 괜찮다며 먹는 이도 있었다. 아직 미완성된 치즈를 나누어 맛보았지만 결국 다 먹지 못하고 개들 차지가 되었다.

하지만 그들이 치즈를 맛보고, 평가하면서 웃고, 진지해 하는 모습을 보며 지 신부는 행복했다.

'이들이 웃고 있다. 웃고 있지 않은가.'

그는 앞으로 남아 있을 시련이 조금도 두렵지 않았다.

## 치즈공장의 설립과 계속된 실패

치즈와 비슷하게 만들어 냈지만 이후 몇 번의 시도에는 계속 실패하였다. 약탕기, 다싯물을 만들 때 사용하는 채까지 임실의 가정에서 사용할 수 있는 도구란 도구는 다 활용해 보았다.

몇 번의 실패 끝에 모양뿐만 아니라 맛도 비슷한 치즈를 만들어냈다. 지정환 신부는 서울에 살고 있는 프랑스인 친구를 불러 그가 만든 치즈를 시식하게 하였다.

"맛이 어때요? 치즈와 비슷한가요?"

떨리듯이 물어보았다.

"음, 맛이 괜찮은데요? 이 정도 수준이면, 주변 사람들에게도 적극적으로 사서 먹으라고 할 수 있을 것 같아요."

너무나도 기쁜 순간이었다. 그리고 얼마 후 10킬로그램이라는 첫 번째 치즈 주문을 받았다. 첫 번째 주문에 조합원들은 너무나도 기뻐했다. 그리고 그들 옆에 서 있었던 지 신부 역시 마음 속 깊은 곳에서 눈물이 흘러내리는 것 같았다.

'드디어 우리가 함께 해 냈구나! 주님! 감사합니다.'

주문을 받고 서둘러 10킬로그램의 치즈를 만들어 납품일에 지 신부가 직접 서울로 배달했다. 하지만 맛을 본 소비자들은 혹평을 쏟아붓기 시작했다.

"이런 치즈를 어떻게 먹습니까?"

급하게 만든 10킬로그램의 치즈는 지난번 성공했을 때와 다른 맛이었다. 모든 치즈가 반품되었다. 기쁨은 잠시 완벽하지 않은 치즈 생산에 조합원들은 다시 실망과 실의에 가득 찼다.

하지만 지정환 신부까지 낙담만 할 수 없었다. 그는 다시 응고제를 마련하고, 실패의 원인을 찾기 위해 미사와 기도를 하는 시간을 제외하고 오로지 치즈 연구를 했다. 그러나 치즈는 지 신부의 바람처럼 쉽게 만들어지지 않았고, 자금도 어느새 바닥을 드러냈다. 어쩔 수 없이 지정환 신부는 벨기에 가족들에게 연락하여 도움을 요청했다. 신부가 할 수 있는 최선의 방법이었다.

"2,000달러만 보내 주십시오."

당시 달러 당 환율이 270원 정도였으니, 우리 돈으로는 54만 원쯤 되는 금액이었다. 1968년당시 54만원이면 적은 돈이 아니었다. 부모님에게 의지하는 것이 조금은 미안했으나 그는 치즈를 생산해 내기 위해 미안함 마저 버렸다.

얼마 후 기다리던 2,000달러가 도착했다. 성당의 사제관에서 치즈를 만드는 데 한계를 느낀 그는 그 돈으로 작은 치즈공장을 세우기로 마음먹었다.

며칠간 마땅한 자리를 물색하던 지 신부와 조합원들의 눈에 마침 집 하나가 눈에 띄었다. 집 바로 뒤에 산이 있어서, 치즈를 발효시킬 굴을 만들기에 안성맞춤이었다. 당장 주인을 만나 값을 치르고, 굴을 파기 시작했다.

지 신부와 조합원들이 한창 굴을 파느라 여념이 없던 어느 날 오후였다. 누군가 굴 밖에서 고래고래 소리를 지르며 욕을 해 대는 것이 아닌가. 알아본 사정인즉슨 집을 판 주인과 그 집이 세워진 땅의 주인이 각기 다른 사람이었던 것이다. 땅 주인은 얼마 후에 집 주인에게 아예 땅을 넘겨주기로 약속이 되어 있었는데, 집 주인이 적지 않은 돈을 받고 집을 팔

> 첫 치즈 주문으로 10킬로그램이 들어왔다. 하늘을 날 듯이 기뻤다. 하지만 기쁨도 잠시 10킬로그램의 주문분을 납품한 후 소비자의 평가는 냉담했다. 그리고 10킬로그램의 첫 주문량은 전량 반품되었다. 계속된 실패에 지정환 신부는 낙담보다는 다시 정비하여 치즈를 만들기 시작했다.

았다는 사실을 알게 되고는 그만 생각이 달라졌던 것이다.

시작부터 쉽지 않았던 공장 설립은 과정 역시 만만치 않았다. 어떠한 기계의 도움도 없이 오로지 사람의 힘만으로 땅을 파고, 흙을 퍼 날랐으며, 땅을 다져 발효실로 사용할 12미터의 굴을 만들었다. 지 신부의 손에서는 연일 피가 흘렀고, 온몸은 상처투성이였다.

이렇게 문자 그대로 피와 땀으로 지어진 공장에서 지 신부는 다시 치즈 만들기에 도전했다.

공장에서 치즈를 만들기 시작하면서, 필요한 산양유의 양은 점점 더 늘어났다. 하지만 조합원들이 키우고 있는 산양의 수는 한정되어 있어, 팔고 남은 산양유만으로는 부족할 때가 종종 생겼다.

그때 마침 익산의 기독교 농촌사회봉사회에서 임실의 지

정환 신부에게 연락이 왔다. 미국 기독교 단체의 원조로 산양을 수입하게 되었는데, 그 중 20마리를 임실 산양협동조합에 제공하겠다는 것이었다. 그러나 산양이 늘어나면 유지 비용도 함께 늘어나기때문에, 공짜로 산양이 생겼다고 마냥 기뻐할 수만도 없는 처지였다.

그런데 하늘이 도운 것일까. 이번에는 천주교 구제회에서 밀가루 310포를 보내 주겠다는 연락을 해 왔다. 그리고 구제회로부터 받은 밀가루는 곧 산양의 축사 설치 자금으로 조합원들에게 분배되었고, 치즈공장은 더 많은 산양에서 더 많은 산양유를 공급받을 수 있게 되었다.

지정환 신부는 이제 다른 걱정은 제쳐두고 치즈 만들기에 더욱 열중만 하면 되는 것이었다. 다시 치즈를 만들었고, 또다시 실패했다.

실패의 원인은 원료가 되는 산양유에서부터 시작되었다. 추출한 지 세 시간이 지나면 산양유에서 균이 생기기 시작하여 이를 가지고 치즈를 만들기에는 역부족이었다. 또한 공장이라 해도 냉장 시설도 제대로 구비되지 않았기 때문에 치즈를 만들기도 전에 산양유가 변질되는 것이 다반사였다.

치즈를 어떻게 만들면 될지, 지금의 문제가 무엇인지 알아볼 사람도 주변에 없었다. 그러던 중 평소 알고 지내던 외국인 친구들을 통해 프랑스에 있는 한 낙농 학교의 주소를 알아냈다. 그는 치즈 제조 방법을 제대로 몰라 어려움을 겪고 있는 자신의 처지를 밝히면서, 도와줄 것을 부탁하는 내용의 편지를 썼다.

답장은 즉시 도착했지만, 그가 원했던 치즈 제조 기술에 관한 이야기는 단 한 가지뿐이었다.

"유산균을 사용하십시오."

지 신부는 그 답장을 보고 허탈했다.

'아니 응고제도 구하기 어려운데 유산균은 또 어디서 구한단 말인가!'

지 신부의 고민을 보고 사람들은 막걸리를 만드는 양조주에 효소가 있다며 이를 이용하자고 제의하였다. 치즈와 응고제 그리고 막걸리 효소.

"신부님! 막걸리 만들 때 쓰는 누룩을 치즈에 넣어 보면 어떨까요?"

막걸리나 치즈나 발효 식품이니 그럴 수도 있겠다라는 생각이 들었고, 당장 양조장에 누룩을 얻어 치즈를 만들었다. 하지만 또 실패하였다.

그는 낙농 학교로 다시 편지를 보냈다.

"치즈 기술자를 한 사람 보내 주십시오."

처음 치즈를 만들기 시작한 때로부터 벌써 3년의 시간이 흘러 있었다. 계속된 실패의 여파로 조합원들로부터 공급 받은 산양유 값도 제때 지불할 수 없는 형편이 되어 있었고, 자연히 산양유 생산을 꺼려하는 사람들이 늘어났다. 지 신부는 자기 돈을 털어 산양유 값을 지불해 주었지만, 그것도 한계가 있었다.

무언가 근본적인 대책을 세워야 했다. 결국 그는 당장 돈이 들더라도, 치즈에 대해 체계적인 교육을 받고 전문적인 지식과 기술을 가진 사람의 도움을 받아야 한다는 결론을 내렸다. 이제 정말 더는 낭비할 시간이 없었다.

그런데 기술자의 도착을 기다리고 있던 어느 날, 임실 농촌지도소의 직원들이 지정환 신부를 찾아왔다. 그의 치즈 사업을 임실의 특화 산업으로 지원하겠다는 것이었다.

프랑스에서 기술자까지 오기로 한 마당이니, 찾아와서 해 주겠다는 지원을 마다할 이유가 없었다. 농촌지도소에서는 50만 원을 지원금으로 내놓았고, 지 신부는 그 돈으로 기존의 공장 건물 옆에 또 다른 건물을 하나 더 지었다. 남은 것은 유능한 기술자와 함께 팔 수 있는 치즈를 만드는 일뿐이었다.

드디어 기술자가 오기로 한 날이었다. 지 신부는 그를 맞이하기 위해 직접 공항으로 나갔다. 그가 도착했다는 것만으로도 천군만마를 얻은 기분이었기에, 임실로 출발하기 전에 맛있는 커피라도 한 잔 대접하고 싶었다. 음식은 기분이 반이라고, 그날의 커피 맛은 단연 최고였다. 치즈에 관한 대화야 공장에 가면 질리도록 해야 할 테니, 이런저런 가벼운 이야기들을 한참이나 기분 좋게 주고받은 다음이었다.

"그런데, 신부님! 그 학교에서 저를 치즈 기술자라고 소개하던가요?"

그는 치즈 기술자가 아니었고, 농대를 졸업한 후 한 달 동안 치즈공장에 다녔던 것이 경력의 전부였다.

갑자기 멍해지고, 끝도없는 허무함에 다리가 후들거렸다. 임실에서 자신만 기다리고 있을 조합원들과 농촌지도소 직원들의 얼굴이 천천히 스쳐 지나갔다. 기술자의 왕복 항공료와 보수 등을 합한 비용 80만 원은 모두 지 신부가 개인적으로 부담한 터였지만, 돈이 문제가 아니지 않은가.

"어쨌든 갑시다!"

지정환 신부는 가짜 기술자를 데리고 임실로 향했다. 잔뜩 기대에 차 있는 사람들에게 "이 사람은 가짜요"라고 할 수 없었다. 그는 어떻게든 혼자 문제를 수습해 볼 작정이었다.

'비록 한 달이라지만 어쨌든 치즈공장에서 일을 했다니, 생짜 초보인 나보다는 설마 낫겠지.'

그러나 그는 정말 아무것도 몰랐다. 마지막 희망까지 보기 좋게 배신당한 후, 지 신부가 기댈 수 있는 유일한 길잡이는 그 프랑스인이 챙겨 온 치즈에 관한 책 한 권뿐이었다. 지 신부는 그 책을 틈날 때마다 읽기 시작했고, 결국 100번을 넘게 읽었다.

그리고 농촌지도소의 주도로 임실 군수까지 초청하여 벌이는 치즈 제조 시연회 날이 되었다.

'책 한 권조차 없이 3년을 견뎠는데, 이제는 그나마 책이라도 있지 않은가.'

지 신부는 책의 내용에 의지하며 기도하는 심정으로 치즈를 만들었고, 결과는 다행히 성공적이었다. 이때 만들어진 치즈가 바로 프랑스의 전통적인 치즈인 카망베르치즈였다.

그러나 우연히 찾아온 요행을 '행운'이라고 하는 것은 그것이 매번 반복되지 않기 때문이다. 행운은 두 번 계속되지 않았고, 지 신부의 치즈는 다시 실패했다. 게다가 이미 만들어진 카망베르치즈 역시 팔 길이 막막했다. 조합원들은 동요하기 시작했다.

치즈 낙동 학교에 치즈 기술자를 보내달라고 요청하였다. 하지만 낙동 학교를 갓 졸업하고 관련 일을 한 지 한달 밖에 되지 않은 사람을 보냈다. 거듭되는 실패에 지 신부는 스스로 유럽의 현지에서 치즈를 배워오는 방법을 선택했다.

"치즈라는 걸 만드는 시간에 차라리 다른 일을 하는 게 낫지 않을까?"

조합원이 아닌 사람들도 한몫 거들었다.

"자그마치 3년이야. 이젠 포기할 때도 되지 않았어?"

잠을 이루지 못하는 밤들이 이어졌고, 간절한 기도가 계속되던 가운데 지정환 신부는 중대한 결심을 하기에 이르렀다.

"유럽 현지에 직접 가서, 제대로 배우고 돌아오자."

이제 그에게 남은 선택은 오직 하나였다. 치즈를 일상적으로 만들고 먹는 사람들이 있는 곳으로 가서 그들의 기술을 배워 오는 것, 그것뿐이었다.

마음을 굳힌 지 신부는 다시 벨기에의 부모님께 편지를 썼다.

"무모하게 치즈를 시작했습니다. 그래도 기왕한 것 끝까지 해보겠습니다. 그리고 죄송합니다만 왕복 티켓을 보내주실 수 있을 런지요."

1969년 8월 지정환 신부는 협동조합원들에게 3개월간 유럽의 치즈 생산 노하우를 배우고 돌아오겠다는 말만 남기고 벨기에로 돌아갔다.

# 치즈의 노하우를 찾아서: 공산당원의 비밀노트

1969년 8월 벨기에로 떠난 지정환 신부는 치즈의 노하우를 배워오겠다는 생각에 들떠있었다. 신부가 치즈 노하우를 찾아 나서다니 그 모습을 상상해 보면 낯설기도 하다. 하지만 사람들과의 약속을 지키기 위해 사비를 털어 유럽까지 가서 치즈 노하우를 배우러 갔다.

지정환 신부의 속을 모르는 사람들은 신부가 무슨 치즈를 배우러 가느냐, 무서워 도망간 거 아니냐는 등 갖가지 추측을 했다. 하지만 지 신부는 동요치 않았다. 늘 기도하며 '임실 농민들의 지독한 가난을 근본적으로 해결할 수 있는 대안'으로 치즈를 선택했고, 하느님의 사제로서 누구에게도 부끄럽지 않았다.

처음 도착한 곳은 프랑스였다. 프랑스의 치즈공장을 돌며 견학을 하고 꼼꼼히 메모를 했다. 유럽 국가들에게 있어 치즈란 한국의 두부처럼 쉽게 볼 수 있는 것이었기에 치즈 노하우를 공개하는 것은 어렵지 않았다

모든 음식이 그렇지만, 들어가는 성분들의 배합 비율과 각 공정 과정에 걸리는 시간이 치즈의 성공 여부를 좌우했다. 단 1그램, 1분도 놓칠 수 없었다. 숨 쉬는 시간까지 아껴 가

며, 하나라도 놓칠 새라 바쁘게 펜을 움직였다.

다음은 벨기에였다. 큰 규모의 치즈공장뿐 아니라, 혼자 집에서 치즈를 만들어 파는 사람들까지 수소문을 해서 찾아다녔다.

한 번으로 끝내는 법은 없었다. 견학생을 위해서 하던 일을 멈추고 하나부터 열까지 스스로 알려 줄 한가한 기술자가 어디 있겠는가? 게다가 치즈의 모든 공정이 하루 만에 다 끝나는 것도 아니었으니, 그 모든 과정을 하나라도 놓치지 않으려면 당연히 며칠을 투자해야 했다.

지나고 나면 그냥 버려지는 시간은 없는 법이다. 비록 실패만 거듭했던 3년이었지만, 그 시간들이 있었기에 지 신부는 어쨌든 치즈에 대해 이미 적지 않은 것들을 알고 있었다. 그러니 견학이 거듭될수록 치즈에 대한 그의 지식은 나날이 일취월장해 갔다. 몰랐던 것들과 잘못 알고 있던 것들을 중심으로 수첩이 빼곡히 채워졌고, 그러는 가운데 그간 계속되었던 실패의 원인들이 자연스럽게 보이기 시작했다.

우유의 산성 정도를 나타내는 산도(酸度) 측정기도 마련했다. 즉, 카망베르치즈는 산도를 급격히 높여야 하고, 체더치즈는 산도를 꾸준히 높여야 하는 등 치즈의 종류에 따라 산도를 다르게 조절했어야 하는데, 그 점을 까맣게 몰랐던 것도 그간의 치즈 생산이 실패로 돌아간 결정적인 원인들 중의 하나였던 것이다.

"이제 멀지 않았다."

끝없이 이어지는 실패에 지쳐 있던 그의 가슴속에서 잃은 줄만 알았던 확신이 새롭게 샘솟고 있었다.

안면이 있는 신부로부터 소개를 받아 한 공장을 방문했다. 거대한 치즈공장이었다. 기계뿐만 아니라 저장고까지 모두 완벽했다. 그는 그곳에서 치즈 생산하는 모습을 견학했다. 견학을 마치고 나니 하루 정도의 시간이 남았다. 그래서 지정환 신부는 공장장을 찾아가 치즈 생산하는 것을 꼼꼼히 보고 메모를 하고 싶다고 했다. 하지만 공장장의 답변은 노(No)였다.

"회사 규율 상 외부인에게 치즈 생산 기술을 공개할 수 없습니다. 당연히 메모도 절대 안 됩니다."

프랑스와 벨기에와 다르게 반대에 부딪힌 지정환 신부는 낙담하였다. 숙소로 돌아온 지 신부는 공장을 소개해 준 신부에게 전화로 하소연을 했다. 그러자 몇 시간 후 그 이탈리아 신부로부터 전화가 왔다.

"상업적으로 이용하려는 것이 아니라, 한국이라는 나라에서 선교 활동을 하는 데 꼭 필요해서 그럽니다."

설득했지만 공장장의 마음은 돌릴 수 없었다.

어쩔 수 없이 발길을 돌려 숙소로 돌아가고 있는데, 자전거 한 대가 지 신부의 뒤에서 경적을 울려 대며 따라왔다. 그 남자는 지 신부에게 속삭이듯 말했다.

"저 모퉁이를 돌아서면 카페가 하나 나올 겁니다. 당신의 상황을 이야기 하니 그 치즈공장에 있는 어떤 사람이 당신을 다시 만나고 싶어 하는군요. 지금 근처 카페로 나갈 수 있나요? 거기에서 그가 기다리고 있을거예요."

영문을 몰라 어리둥절해 있던 지 신부의 두 눈이 갑자기 커졌다. 그 남자는 조금 전 치즈공장에서 보았던 기술자들 중의 하나가 아닌가! 지 신부는 한달음에 남자가 말했던 카페로 달려갔다.

"신부님!"

카페로 들어서 주변을 두리번거리고 있는데, 한 남자가 활짝 웃으며 지 신부에게로 다가왔다. 바로 '그 사람'이었다.

"치즈공장의 공장장이 신부님께 무례하게 굴었다면서요? 그 사람도 천주교 신자인데, 그런 실례를 하다니 ……. 같은 이탈리아 사람으로서 제가 대신 사과드리겠습니다."

남자는 공장에서 있었던 이야기를 전해 듣고는 몹시 화가 나 있었다.

"물론 그 공장장의 말대로 치즈 생산 기술은 원칙적으로 공개가 금지되어 있습니다. 공장의 치즈 제조 비법을 캐내서 경쟁 업체에 팔려는 사람들이 워낙 많거든요. 하지만 사제의 신분으로 이렇게 치즈 기술을 배우러 다니시는 일이 얼마나 힘드시겠습니까. 제가 명색이 천주교 신자인데, 신부님을 모른 척 할 수는 없지요."

다음 순간 그는 주머니에서 작은 노트를 하나 꺼내더니, 지 신부에게 내밀었다.

"한국전쟁에 대해서는 익히 들어 알고 있습니다. 그렇게 전쟁으로 고통 받았던 사람들을 위해서 일하고 계시는데, 제가 설사 천주교 신자가 아니더라도 당연히 도와드려야지요."

노트를 열어 내용을 확인한 지 신부는 자신의 눈을 의심했다. 노트에는 각종 치즈의 제조법들이 적혀 있었는데, 그가 3개월 내내 돌아다니며 기록해 둔 그 어떤 내용보다 상세했다.

그러나 그의 놀라움은 거기서 그치지 않았다.

"저는 이탈리아 공산당에서 당대표의 비서로 일하고 있습니다."

유럽에서는 공산당이 하나의 정당으로 아직 존재한다. 비록 지지도가 낮고 인기가 없지만, 정당으로써 존재하고 있고, 한국에서처럼 마냥 적대적이지만은 않았다. 하지만 지징환 신부는 마냥 어색하였다. 벨기에도 공산당이 존재하고 있지만 제1, 2차 세계대전에 참전했던 아버지 영향과 전쟁 후유증으로 고통받는 이들이 매번 '빨갱이'라고 표현하는 한국에서 10년 이상을 살았다. 그러나 치즈 노하우만 알아 온

> 아무리 유럽에서는 공산당의 인식이 한국과 다르다고 하여도 공산당이라면 치를 떠는 지정환 신부였다. 그런 그가 공산당 당대표의 비서가 건넨 치즈 제조와 관련한 비밀 노트를 받았다. 아이러니하다 할 수 있겠지만, 그는 이념을 모두 떠나 임실의 주민들을 생각하면 그 사람에게 고마울 뿐이었다.

다면 그것이 무슨 소용이냐. 오히려 그에게 고마워해야 할 뿐…… 그는 망설임없이 뛰쳐나갔다.

지 신부는 이 남자, 아니 이탈리아 공산당 당대표의 비서가 건넨 노트를 소중하게 챙겨 가슴에 품었다.

"고맙습니다, 정말 고맙습니다. 제가 이 노트를 가지고 한국으로 돌아가서 꼭 치즈 생산에 성공하겠습니다."

시간은 3개월이 지났다. 이젠 한국으로 돌아갈 때가 온 것이다. 사람들이 날 얼마나 기다릴까, 그들이 내가 이렇게 준비해 둔 것을 안다면 얼마나 기뻐할까? 치즈 생산은 성공하리라.

그는 가벼운 발걸음으로 한국행 비행기에 올랐다. 한국에서 어떤 일이 일어났는지도 모른 채 마냥 설레고 기쁜 마음이었다.

# 06

치즈를 만드는 신부

남은 자들의 동요, 약속을 지킨 이들의 희망
남은 자와 신부의 꿈: 유럽형 치즈를 탄생시키다
정환치즈와 체더치즈의 탄생

# 치즈를
# 만드는
# 신부

치즈 만드는 법을 배우러 시 신부가 유럽을 간 사이
주민들은 동요하며 모든 것을 팔고 떠났다.
그 자리에는 신태근만 남아 있었다.
유럽에서 돌아온 지 신부는 신태근과 함께 치즈 만들기에
드디어 성공하였고, 국내 첫 치즈 생산을 이루어냈다.

지정환 신부가 치즈를 만들기 시작한 것은 정말 하느님의 뜻일지도 모르겠다. 한국에서 가장 못사는 지역인 두메산골 임실에서 치즈를 만들자고 제안한 것도, 아무 생각도 없이 벨기에에서 한국에 올 때 가방에 응고제를 챙겨온 것도, 거듭되는 실패에도 꿋꿋하게 견디어 온 것도 어쩌면 신의 계시일 수도 있다.

하지만 실패하고, 자비를 들여 공장을 짓고, 사람들에게 대금을 대신 주고, 다시 자비로 유럽에 가서 치즈를 배우러 간 그를 과연 사람들은 이해하고 기다렸을까?

1분 1초가 지정환 신부에게 아까웠듯이 전적으로 지 신부에게 의지했던 남은 이들은 지 신부의 뜻 깊은 마음은 헤아리지 못한 채 기다리고 있었다. 1분 1초가 마치 1년 한 달처럼 ······.

## 남은 자들의 동요, 약속을 지킨 이들의 희망

지정환 신부가 3개월간 치즈 노하우를 배우러 가겠다고 하며 떠나자 임실의 산양협동조합원들은 동요하기 시작했다.

계속되는 치즈 생산의 실패와 얼마 되지 않은 산양유로의 생계 유지는 조합원 자신들이 생각했던 것과 다르게 진행됐다. 그러한 상황에 지정환 신부가 떠나자 지 신부가 자신들을 등지고 떠났다고 생각하는 이마저 생기며 점점 동요하기 시작했다.

더욱이 치즈를 만들건, 우유를 생산하건, 양을 키우던 별 관심 없던 마을 노인들마저 그들에게 한마디 씩 하며 자존심을 건드렸다.

"거봐! 그 신부 떠난 거야. 3년을 자기 돈까지 들였지만 실패했는데 계속 남아 할 사람이 있겠어? 아무리 성직자라고 해도 인간인데 그 사람 자기 나라로 도망친 거야."

"너희들 이제 어떻게 먹고 살래? 그냥 양이나 팔아서 딴 거나 하는 편이 나을지도 모르시 ……."

이러한 마을 노인들의 건낸 말 한마디는 더욱 젊은이들의 마음을 동요시켰다. 가난의 대물림을 거부하고자 시작한 일이었지만, 지 신부 없이는 아무 것도 할 수 없었고, 그가 없는 동안 제 밥벌이도 못하는 무능한 인간이 되어 있는 처지를 보니 한심하기 짝이 없었다.

특히 제일 처음 지정환 신부를 만나 산양을 키우고 조합을 이끌었던 젊은이는 돌이킬 수 없는 좌절감을 느꼈다. 그리고 그는 더 이상 망설일 수 없었다.

그는 결국 키우던 산양들을 모두 팔아 버리고, 임실을 떠났다. 그는 임실을 떠나 한동안 서울 근교 묘목 사업을 했다고 한다. 특히 앞장서서 조합을 이끌어 왔던 그가 떠나 버리자, 조합은 순식간에 와해되기 시작했다.

12명의 사람들 중 11명이 산양을 팔고 사라졌다. 떠나버린 지 신부에 대한 배신감 때문만은 아니었다. 산양 사육은 그들에게 돈과 시간이 남아돌아서 하는 부업이 아니라 당장 하루하루의 생계가 걸린 문제였던 것이다.

"이대로 앉아서 굶어죽을 수는 없다."

어떤 이는 서울 근교 구파발 지역으로 가 산양 사육을 하며 산양유를 서울의 병원 등지에 납품하려고 떠났다. 또 어떤 이는 가진 산양을 모두 처분하고 그 돈으로 서울로 갔다. 이 당시 공업화로 젊은이들이 서울로 가는 도농 현상이 나타났기 때문에 더욱 더 분해 속도는 빨랐다.

그렇게 모두가 임실을 떠났다. 그러나 단 한 사람, 부안 출신으로 양 사육에 관심이 있어 임실로 와 임실에서 신용협동조합 운동을 시작한 단 한명만이 꿋꿋하게 자신의 자리를 지키고 있었다. 그가 바로 신태근이다.

신태근은 1937년 11월 부안 출신으로 부안농림고등학교를 졸업하고 부안 농촌지도소에서 근무하고 있었다. 이미 부안에서 지정환 신부를 알고 있었고, 부안을 떠나 임실로 부임한 지정환 신부가 주민들과 산양을 키우고 있다는 소식을 전해 듣고는 1967년 임실로 옮겨 왔던 것이다.

그는 이미 산양을 키우기로 결심하였기에 누구보다 열심히 산양을 키우고 산양협동조합에 열심히 참여하였다. 1977년 임실치즈신용협동조합장까지 지낸 신태근은 그 누구보다 지정환 신부를 믿었고, 자신이 하는 일에 희망을 갖고 있었다. 하지만 1969년 지정환 신부가 치즈를 배우고 돌아오겠다는 말을 남기고 유럽으로 떠나고 나서 함께 노력하며 일했던 동료들이 점차 동요하며 임실을 떠나고 양을 팔자 안타까움을 금치 못했다.

사실 유혹이 없었던 것은 아니었다. 서울 근교로 가서 산양유를 제공하는 사람들이 많은 돈을 벌고 있다는 사실을 듣고 '나도 갈까'라는 생각을 한두 번 한 것이 아니었다. 하지만 그 만큼의 돈도 없었고, 자신들과 함께 동고동락하며 함께 웃고 함께 실패하던 지정환 신부를 배반하고 싶지 않았다.

"신부님은 절대 우리를 버리고 가실 분이 아닙니다."

> 신부가 우리를 버리고 떠났다며 조합원들은 동요하기 시작했고 다들 산양을 팔고 임실을 떠났다. 유일하게 남은 신태근 만이 "신부님은 절대 우리를 버리고 가실 분이 아니다"라고 하며 임실을 지키고 있었다.

신태근은 그때로부터 40년이 다 되어 가는 지금도 그 외에 다른 선택이 없어서였노라고 말한다. 그러나 그가 끝내 임실에 남기로 했던 가장 큰 이유는 무엇보다 지 신부에 대한 의리였다.

'신부님은 틀림없이 돌아오실 텐데, 나마저 떠날 수는 없지 않은가.'

그는 지정환 신부가 없는 동안 하루하루 양의 젖을 짜서 보관하고, 그것을 팔며 혼자 나름대로 치즈 생산을 해 보기도 했다.

지 신부의 기술 자체가 완벽하지 않았던 데다 그조차 정식으로 배워 본 적이 없었으니, 신태근의 치즈는 어김없이 돼지밥 신세가 되고 말았다. 하지만 그는 만들고 또 만들었다. 아무것도 하지 않고 있을 수는 없었다. 지 신부가 돌아올 때까지 그는 무언가 해야 했다.

그렇게 3개월이 지난 어느 날, 지정환 신부가 나타났다. 반가움과 함께 모두 다 떠났다는 사실을 지 신부에게 알려주기가 너무나도 힘들었다. 그에겐 너무나도 길었던 3개월이 야속하기만 했다. 하지만 그는 지정환 신부에게 달려갔고 지정환 신부와 함께 희망의 길로 점차 걸어 나갔다.

이러한 그의 인내와 끈기, 희망은 그에게 더 많은 것을 배우게 하였고, 산양협동조합에서 임실치즈신용협동조합까지 조합장을 지내는 등 임실의 치즈 산업을 지정환 신부와 함께 이끌 수 있는 계기를 제공하였다.

신태근은 임실치즈의 산실이며, 그의 모든 일생을 농촌 지도자로서 활발한 활동을 하였다. 그는 1977년 임실치즈신용협동조합장 뿐만 아니라 1984년 임실 가톨릭 농민회 임원, 1988년에는 임실군 농민회 회장을 역임하였다. 더욱이 1998년 5월에는 전북 임실군 의회의원에까지 입후보하였는데, 농민회와 가농 등의 지지를 받았으나 일반 주민들의 지지를 받지 못해 낙선하였다. 그가 농민으로서의 활동을 보면, 상당히 진보석인 사람임을 알 수 있다. 1999년 11월 1일 월간 『말』지의 "21세기의 희망, 지역에서 찾는다"라는 연속 기획에서 "전북, 제주를 지키는 사람들 400명" 중 일원으로 선정하여 보도되었고, 2000년 6월 7일 "남북정상회담에 즈음하여 국가보안법 철폐를 바라는 전북 540인 선언"에 동참하여 국가보안법 철폐와 양심수 전원 석방을 촉구하기도 하였다.

일흔 살이 훌쩍 넘어버린 그는 여전히 임실에서 목장을 운영하고 있다. 치즈 산업이 아닌 이제는 좋은 육질의 한우를 생산하기 위해 끊임없이 연구하고 노력하는 인물이다. 또한 농민 운동이나 농민들을 대변하는 데 앞장서며 농촌의 발전을 위해 여전히 노력하고 사람들의 존경을 받는 사람이 되었다.

## 남은 자와 신부의 꿈: 유럽형 치즈를 탄생시키다

드디어 김포 공항에 도착한 지정환 신부는 기대에 부풀어 지체없이 임실로 향했다. 누구에겐 긴 시간이나 지정환 신부에게 3개월은 너무나도 짧았다. 비록 3개국에서 치즈 노하우를 배운다고 했지만, 치즈 노하우를 단 3개월 만에 습득하기란 힘들었을 것이다.

가방에는 이탈리아 공산당원이 전해 준비법 노트에, 우유의 산도를 측정하는 기계 등 3개월 간 배운 것들이 모두 담겨져 있었다. 이제 조합원들과 치즈만 만들어 내면 되는 것이었다. 임실을 가는 내내 설렘을 감출 수 없었다.

그는 성당의 사제관에 짐을 풀자마자 당장 치즈공장에 가 볼 생각으로 마음이 바빴다.

'오늘 남은 산양유가 얼마나 되려나?'

그때였다. 누군가 들어오는 기척 소리가 났다. 신태근이었다.

"아, 태근 씨! 나 왔습니다."

그는 반가운 마음에 얼른 다가가 신태근을 끌어안았다.

"태근 씨! 내가 유럽의 치즈 생산 기술을 배워 왔어요. 우리 이번에는 정말 제대로 한 번 만들어 봅시다. 모두들 어디 갔어요? 다들 오라고 해요. 우유를 가져와야 할 텐데 …… 모두들 우유 오늘 아침에 짜 두었죠? 누구네 우유가 가장 많나요? 그 사람 것으로 일단 해 봐야 겠네."

희망에 찬 지정환 신부에게 신태근은 어떻게 말을 시작해야 할지 몰랐다.

"왜 그래요? 태근 씨! 무슨 일 있어요?"

신태근은 차마 입이 떨어지지 않았다. 지 신부의 재촉이 이어졌고, 더는 숨길 수가 없어진 신태근은 비로소 입을 열었다.

"신부님! 저기 …… 모두가 떠났습니다. 신부님이 가시자 다시는 돌아오지 않을 거라며 모두들 양을 처분하거나 양을 데리고 떠났습니다. 남은 조합원 중 남은 이는 저 뿐입니다. 물론 양도 제가 가지고 있는 것뿐입니다. 죄송합니다. 신부님."

말끝이 점점 흐려지며 그는 목이 메어오고 눈물이 하염없이 흘러내렸다.

지정환 신부는 순간 아찔한 느낌이 왔다.

'왜 그들은 날 믿지 못했을까, 내가 그들을 고생만 시킨 것일까? 나의 기도가 부족했단 말인가?'

계속 되뇌였다. 하지만 낙담만 하고 있을 수 없었다. 그는 신태근에게 아침에 받은 우유를 가져오라고 했다. 신태근이 가져온 우유는 고작 10리터 밖에 되지 않았다. 지 신부는 모자라는 우유를 보충하기 위해 자신의 양의 젖을 짜 합쳐 유럽에서 배워온 치즈 노하우를 적용했다. 또한 유럽에서 사온 유산균을 넣었다.

지정환 신부는 지난 3개월간 배운 모든 지식을 쏟아 부어 정성껏 치즈를 만들었다. 하지만 첫 번째는 실패했다. 하지만 다시 한 번 더 시도했다. 그는 다시 한 번 자신이 치즈에 대해 알고 있는 모든 것을 머릿속에 떠올렸다.

'산양유를 70도에서 15초 동안 가열 살균한 후 유산균을 넣고 발효시킨다. 발효된 산양유에 송아지의 위에서 추출한 소화 효소인 레닌을 넣어 응고시킨다. 이렇게 응고시켜 만든 커드(Curd) 속의 수분을 제거한 후 모양을 잡아서 숙성·건

틀에 맞춰 일정한 형태를 갖춰 가는 체더치즈

체더치즈를 만들고 있는 지정환 신부(좌측)

모든 조합원들이 떠났을 때 홀로 자리를 지킨 신태근 씨

정환치즈를 만드는 과정 중 성형 단계의 한 장면

조시키면 치즈가 완성된다.'

어떤 과정 하나도 쉽게 넘기지 않았다. 매 순간 기도를 하면서, 모든 면에서 조금도 어긋남이 없이 완벽하기 위해 최선을 다했다. 그리고 결과는 맛과 모양 어느 면으로도 흠잡을 데 없는 완벽한 치즈의 탄생이었다. 대성공이었다. 그가 만들어낸 첫 번째 치즈였고 대한민국에서 처음으로 생산해 낸 치즈였다. 그는 이 치즈를 고우트(염소) 치즈라고 불렀다. 지 신부와 신태근은 기쁨을 감출 수 없었다.

"신부님! 드디어 해 내셨군요."

"신태근 씨라도 날 믿고 남아 있어줘서 얼마나 고마운지 몰라요. 오늘의 성공은 모두 신태근 씨 덕분이예요."

신부와 남은 자는 서로 감싸며 마음속으로 울고 있었다. 이때가 1969년이었다.

'하느님! 제가 이 치즈로 반드시 임실을 변화시킬 수 있도

> "신태근 씨라도 날 믿고 남아 있어줘서 얼마나 고마운지 몰라요. 오늘의 성공은 모두 신태근 씨 덕분이예요."
> 신부와 남은 자는 서로 감싸며 마음속으로 울고 있었다.
> 실패는 고통스럽지만, 실패를 거듭하고 어렵게 이루어 낸 성공은 그 기쁨이 배가 되었다.

록 도우소서.'

지정환 신부는 새로운 각오를 다졌다.

'자! 이제부터 시작이다. 한국산 치즈를 만들어 보는 거야.'

돌아온 지 신부가 치즈 생산에 성공했다는 소식은 곧 임실 전체에 퍼졌다. 관심을 보이며 참여를 원하는 사람들이 늘어났고, 개중에는 산양 사육을 포기하고 임실을 떠났다가 다시 돌아온 사람도 있었다. 오직 신태근 한 사람만이 남아서 지켜 오던 산양협동조합이 비로소 다시 '조합'다운 면모를 갖춰 가기 시작했다.

지정환 신부는 자신의 일을 돕는 사람을 한명 채용했다. 신태근이 우유를 공급하고 지정환 신부가 치즈를 만들면 그 옆에서 신부를 돕는 사람이었다. 조합의 결성 초기에 몸담았던 임실 주민의 아들인 황석산이었다. 그동안이야 어떻게든 혼자 버텨 왔다고 해도, 앞으로 생산량을 늘려가자면 자연히 그 혼자만의 힘으로는 한계가 있을 터였다.

지 신부는 치즈를 만드는 틈틈이 황석신에게 기술을 전수했다. 책으로 보고 배우는 것이 아니라 누군가가 가르쳐 주는 이가 있고 직접 체험하며 하는 것이라 치즈를 익히는 속도가 아주 빨랐다. 그리고 언젠가부터 치즈 생산 과정의 많은 부분을 믿고 맡겨도 될 만큼 숙련된 기술자가 되어 있었다.

황석산을 채용한 가장 큰 이유는 물론 일손이 필요해서였지만, 치즈공장의 미래를 위한 지 신부의 나름의 투자 중 하나이기도 했다.

"신부님! 이다음에 떠나실 때 우리 임실 군민들에게 뭔가 하나쯤은 꼭 남겨 주십시오."

지정환 신부는 임실에 처음 부임했을 때 문필병 군수가 했던 당부를 여전히 잊지 않고 있었다. 언젠가는 자신이 아니라 임실 주민들 스스로 만들어야 하는 치즈였다. 그러자면 누군가 지 신부와 임실 주민들 사이의 통로가 될 사람이 필요했고, 그가 바로 황석산이었던 것이다.

## 정환치즈와 체더치즈의 탄생

지정환 신부가 처음 만들기 시작한 것은 프랑스식의 포르살류(Port Salut)치즈였다. 포르살류치즈는 수도원에서 처음 만들어지기 시작했다. 이 치즈는 치즈에 익숙하지 않은 한국인들도 큰 거부감을 느끼지 않을 만큼 맛과 냄새가 순하고 발효 기간도 짧은 편이었다. 수분을 제거하는 작업을 위해 스테인리스 압축기를 제작하고, 각각 500그램과 1킬로그램짜리 치즈를 생산해 내기 시작했다.

또 다시 한 번의 성공으로 끝나면 걱정이 반이었다. 하지만 그것은 기우에 불과했다. 치즈는 연일 균일한 품질을 유지했고, 어디에 내놓아도 궁색하지 않은 어엿한 상품으로 만들어졌다.

그런데 치즈를 시중에 내놓자니, 치즈 이름이 필요했다. 유럽에서는 해당 지역의 이름을 붙여서 하는 경우가 있어 지 신부가 처음 생각한 이름은 '호남치즈'였다.

"신부님! 지역감정이 엄청난 이 대한민국 땅에서 호남치즈라고 이름 붙였다가는 호남 지역 사람들 외에는 그 누구도 안사고 안 먹을 거예요. 그 이름은 절대 안 됩니다."

"그러지 마시고, 신부님이 만드신 치즈니까, 신부님 성함으로 하면 어떨까요? 지정환 치즈!"

지정환 치즈? 지 신부는 치즈 이름을 듣는 순간 부담을 느꼈다. 치즈 생산은 오로지 주민들을 위해 자신이 발 벗고 나선 것이었고, 성직자가 자신의 이름을 상업적인 용도로 사용한다는 것이 너무나도 불편했다. 몇 차례 고사했지만 모두가 지정환 신부가 만든 치즈라는 의미에 수도자인 지정환 이름을 따서 만든 이름에 의미를 부여했다. 그리고 외국인을 상대로 판매를 하려면 벨기에인인 지정환 신부가 거론될 것이 분명했고, 오히려 그게 처음에는 나을지도 모르겠다는 생각이 들었다. 그래서 마지못해 승낙했다.

6. 치즈를 만드는 신부

"그럼 성은 떼고, 이름만 씁시다. 정환치즈!"

정환치즈의 판매가 점점 더 활기를 띠어 가기 시작했다. 하지만 정환치즈의 경우 부드럽고 냄새가 없어 유럽인들은 상당히 선호하는 경향이 있는 반면, 한국 사람들은 이 조차 양 냄새가 난다며 싫어했다.

따라서 지 신부는 한국인들의 입맛에 맞는 치즈를 개발하는 데 주력했다. 바로 그때 생각해 낸 것이 체더(Chedder)치즈였다. 영국의 체더 마을에서 만들었다는 유래로 보통 명사가 되어 버린 체더치즈는 부드러운 신맛을 가진 치즈인데, 신맛이 나는 대신 치즈 특유의 풍미가 약한 편이어서 치즈를 꺼려하는 한국인들도 큰 거부감 없이 먹을 수 있겠다고 판단한 것이다. 또한 수분 함량이 적고 단단해서 장시간 보관이 가능했기 때문에, 생산 후 바로 판매가 되지 않더라도 기껏 만들어 놓은 치즈를 상해서 버리는 불상사 역시 최소화할 수 있었다.

> 임실에서 만들어 내는 치즈에 지정환 신부의 이름을 붙이는 것에 그는 부담을 가졌지만, 어쩌면 임실에서 생산해 낸 치즈에 지 신부의 이름을 넣어 기억하고자 하는 사람들의 마음이 담겨져 있었던 것은 아닐까?

그리하여 1970년, 지 신부는 이탈리아에서 받아 온 노트를 다시 꺼내 들고 체더치즈를 만들기 시작했다. 치즈 제조와 관련한 기본 지식과 기술은 습득한 후였기 때문에 체더치즈를 만드는 초기 단계도 쉽게 진행할 수 있었다. 하지만 중요한 문제가 남았다. 발효과정이 그것이었다. 체더치즈는 발효 기간이 3개월에서 4개월로 정환치즈에 비해 긴 편이었다. 그 때문에 발효 과정에서 곰팡이가 피어 버리기라도 하면 모든 작업은 헛수고가 되고, 제품도 모두 폐기해야 했다.

발효 과정에 최대한 노력을 하며 7킬로그램의 체더치즈 생산을 최초로 시작했다. 12미터 굴을 파서 발효실을 만들어 보관했다. 지 신부는 체더치즈에 곰팡이가 생기지 않게 하기 위해 매일 소금물로 치즈로 닦고 또 닦았다.

'하느님! 부디 도와 주소서.'

드디어 발효 기간이 끝나고, 겉으로 보기에는 전혀 문제없는 체더치즈가 만들어졌다. 맛을 봐야 했다. 지 신부는 차마 이 체더치즈의 맛을 볼 용기가 나질 않았다.

'맛이 없으면 어쩌지? 혹시 안이 썩었으면 어쩌지? 이게 썩어서 제품으로 판매되지 못하면 4개월 동안 산양유 대금도 받지 않고 오로지 체더치즈에 쏟아 부은 우리 조합원들의 얼굴은 어떻게 보지?'

만감이 교차하는 순간이었다. 이렇게 망설이고 있는 지 신부에게 다가가 재촉한 것은 신태근이었다.

"아이고 신부님! 빨리 잘라서 최종 확인을 하시고 하루라도 빨리 치즈를 내다 팔아야 하지 않겠습니까? 여기저기서 산양유 값 달라고 아우성들입니다."

이미 오랜 실패를 경험했던 사람들은 처음보다 조급해져 있었다.

"저놈의 치즈공장, 차라리 폭파시켜 버리고 치우는 게 낫지."

산양유 대금을 제때 받지 못한 사람들에게서 사흘 걸러 험한 소리가 들려왔다. 사람들이 나빠서가 아니라 오랜 시간과 노력을 투자했지만 소득은 별로 없었기 때문에 사람들의 마음은 조급해져만 갔다.

지 신부는 일단 만들어낸 체더치즈를 자르지도 않고 손에 잡히는 대로 치즈 한 덩이를 가방에 챙겨 넣고는 무작정

> 지 신부는 한국인들의 입맛에 맞는 치즈를 개발하는 데 주력했다. 바로 그때 생각해 낸 것이 체더치즈였다. 초기 단계는 쉽게 진행했으나 발효 과정이 문제였다. 발효실을 만들어 보관하고 곰팡이가 생기지 않게 매일 소금물로 치즈를 닦았다.

서울로 향했다. 당시 정환치즈를 조금씩 위탁 판매하고 있던 조선호텔 옆의 외국인 전용 상점을 찾아 갔다. 그는 다짜고짜 가방 속의 치즈 덩어리를 꺼내 상점 주인에게 내밀었다.

"사장님! 이번에 저희 공장에서 새롭게 만든 치즈입니다."

주인은 썩 내키지 않는다는 듯 난처한 표정을 지어 보였다.

"에구, 신부님! 지난번에 가져오셨던 치즈도 아직 다 못 팔고 남았는데요. 기껏 놓고 가셨다가 안 팔리면 어쩝니까?"

지 신부는 일부러 더 자신 있게 대답했다.

"그럼, 버리세요! 그런데 대신 부탁이 하나 있습니다. 이 치즈를 500그램만 잘라서 저한테 좀 주십시오. 옆에 있는 조선호텔에 가서 맛이나 보일까 해서요."

그의 말이 떨어지자마자 주인은 칼을 찾아와 내밀었다.

"자! 직접 자르세요."

지 신부는 너무 긴장한 탓에 제대로 나오지도 않는 목소리를 간신히 가다듬어 말했다.

"사장님이 대신 좀 잘라 주세요."

얼굴에 식은땀까지 흘리고 있는 지 신부의 기색이 아픈 사람 같아 보였던지, 주인은 그를 흘낏 한 번 보더니 이내 그에게서 칼을 받아 들었다. 그리고 운명의 시간이 찾아왔다.

"어머, 신부님! 맛이 정말 훌륭한데요?"

주인의 말이 단순한 인사치레가 아니라는 것을 느꼈다. 차마 치즈가 잘려지는 광경을 지켜볼 수 없어 창문 쪽으로 돌아서 있던 그는 주인의 말이 떨어지고 나서야 치즈 앞으로 다가갔다. 다리에 힘이 풀려 당장이라도 주저앉아 버릴 지경이었지만, 그는 애써 태연한 척 여유롭게 웃었다.

"당연하지요."

상점을 나서는 지정환 신부의 입에서는 절로 기도가 새어 나왔다.

'하느님! 감사합니다.'

# 07

치즈 기술자에서 치즈 세일즈맨이 된 사제

이번엔 치즈 세일즈이다!
끊임없는 호텔 납품으로의 두드림
입소문을 탄 임실치즈, 개혁을 시작하다

# 치즈 기술자에서 치즈 세일즈맨이 된 사제

치즈 생산은 단순히 주민들과 먹거리를 만들려고 한 것이 아니었다.
그들의 생활에 조금이나마 보탬이 되고 싶었던 것이었고,
임실치즈는 꾸준한 판매망 확보가 필요했다.
지정환 신부는 이제 치즈 만드는 기술자에서
치즈를 판매하는 세일즈맨이 되었다.

지금은 보편화 되어 우리에게 아주 익숙한 체더치즈. 한국에서의 첫 체더치즈는 누군가의 열정과 기다림, 희생, 두려움이 어우러져 탄생했다. 보편적으로 체더치즈라고 알겠지만, 이것을 상품화하고, 대중들에게 더 가까이 가기 위해 정환치즈라고 이름을 붙였듯 체더치즈에도 명명(命名)을 해야 했다.

때마침 치즈공장이 세워진 마을의 이름이 성가리였고, 유럽에서 치즈에 지역명이나 수두원의 이름을 사용하는 경우가 많아 지명을 따서 '성가(城街)치즈'라고 부르기로 했다. 성가라는 이름은 거룩한 가정[聖家]이라는 한자어와 동음이어이기 때문에, 어떤 이름보다 흡족하였다.

1969년 처음으로 정환치즈 만들기에 성공했고, 이후 임실 치즈공장은 쉬지 않고 가동되었다. 그만큼 사람들의 얼굴에도 웃음이 피어났다. 게다가 1971년, 독일 천주교 구제회를 통해 2만 6천 상당의 치즈 가공기까지 부상으로 제공받게 되었다. 처음 비눗갑에서 시작하여 지 신부의 성당 한 귀퉁이에서 만들기 시작한 치즈. 이제는 여러 기계에 공장까지 구비되어 의젓하게 돌아가고 있는 모습을 보니 지 신부는 가슴속에서 벅찬 행복을 느낄 수 있었다.

## 이번엔 치즈 세일즈이다!

이 두메산골에서 치즈를 만들기 시작한 이유는 무엇인가? 척박한 환경에서 가난을 태생적으로 짊어지고 가는 이 임실 주민들에게 삶을 변화시키고, 많진 않지만 넉넉하게 생활하게 해 주려고 시작했던 것이다. 따라서 임실치즈는 단순한 판매가 아닌 꾸준하고 안정적인 판매망 확보가 무엇보다 중요했다.

사실 1970년대 한국에는 치즈를 만드는 곳이 없어 시중에서 판매되는 치즈는 미군 부대에서 불법으로 유통되는 것이 전부였다. 미군 부대 내의 매점에서 미군 부대 직원이나 인근 술집 종업원들이 치즈를 유통시켰던 것이다. 그 유통과정 자체가 합법적인 것이 아니라 위험부담을 안고 있었다.

지정환 신부는 일단 남대문 시장 등의 외국인 상점에 납품을 시도하였다. 외국인 상점에서는 치즈가 잘 팔리기 때문에 임실에서 생산한 치즈 판매의 시작도 외국인 상점에서 시작하는 것이 맞다고 생각했다. 더욱이 한국산 치즈라고 해도 그 맛이 결코 뒤지지 않았고, 100% 수가공으로 이루어진 제품이었기에 경쟁력이 있었다. 또한 불법으로 유통하는 것보다 한국에서 직접 만든 치즈를 유통시키는 것이 안전했다.

외국인 상점을 돌며 치즈 맛을 보여주었다.

"저 임실에서 온 지정환 신부라고 합니다. 저희 임실 주민들이 치즈공장을 설립하여 모두 함께 치즈를 만들고 있답니다. 이게 바로 우리가 직접 만든 치즈입니다. 한번 맛 좀 보세요."

찾아간 외국인 상점의 주인들은 처음에는 내키지 않아했다. 하지만 치즈 맛을 본 후 마음이 바뀌었다. 그리고 유통에서 판매까지 불법이 아니어서 안전하게 장사까지 할 수 있다는 장점까지 갖고 있었다.

"오! 맛이 제법 좋습니다. 이게 국내 임실에서 만들었다고요? 바로 주문 가능한가요? 당장 바로 입고시켜 주세요."

임실치즈에 대한 소문이 외국인들과 상점을 사이로 빠르게 퍼져나갔다. 하나 둘 외국인 상점을 파고들며 틈새시장을 공략했다. 물론 지 신부가 치즈의 맛을 아는 유럽인이라는 점도 임실치즈가 갖고 있는 중요한 홍보 요인 중의 하나였다.

하지만 치즈의 생산량은 계속 늘어나고 있었지만, 계속 생산되는 치즈를 한정된 외국인 상점에만 팔기에는 공급에 비해 수요가 부족했다. 더 큰 곳이 필요했다. 외국인이 더 많이 드나들고, 좀 더 큰 구입처가 절실했다.

지정환 신부는 다시 한 번 고민했다. 미사를 드리는 시간과 기도하는 시간을 제외하고 하루를 꼬박 임실치즈에 대한 생각으로 꽉 차 있었다. 자신에게 이익이 되는 것은 하나도 없었다. 그저 자기가 임실을 떠나기 전에 꼭 임실 주민들에게 뭔가를 남겨주고 싶었고, 그들이 좀 더 편안하게 살기 바랐을 뿐이었다.

"좀 더 큰 거래처, 외국인이 훨씬 더 많이 드나드는 곳. 그래, 호텔이다!"

그리고 그 당시 한국에서 제일 컸던 조선호텔로의 납품을 고려했다. 그는 바로 다음 날 서울로 올라와 조선호텔로 찾아갔다. 외국인 전용 상점에서 잘라낸 500그램짜리 체더치즈 덩어리를 들고 그가 향했던 곳이 바로 이곳 조선호텔이었다.

호텔이라고 생각했지만, 호텔이 어디 외국인 상점과 비슷할 수 있었겠는가? 게다가 한국에서 제일 큰 조선호텔이었다. 수많은 경쟁 업체들도 있을 테고 ……. 호텔 정문에 도착한 지정환 신부는 덜컹 겁이 났다. 하지만 주눅들 필요는 없었다. 하늘에는 그의 모든 걸음을 지키시는 하느님이 계셨고, 가방에는 제대로 만들어진 치즈가 있었다. 그는 아무런 망설임도 없이, 호텔 로비 쪽으로 걸어 들어갔다.

"주방장을 만나러 왔습니다. 어디로 가면 됩니까?"

커다란 키의 외국인이 다짜고짜 주방장을 찾았다. 게다가 신부 차림의 외국인이다. 신부의 당당한 기세에 로비의 안내데스크에 앉아 있던 직원은 신원 확인도 하지 않은 채 주방장에게 데려갔다. 너무나도 쉽게 주방장을 만나게 된 것이었다.

주방장이 갸우뚱 거리며 나타났다.

"저를 찾으셨다고요? 누구십니까?"

"저는 임실에서 온 지정환 신부라고 합니다. 전북 임실에서 주민들과 치즈를 만들고 있고, 우리가 한국 최초로 치즈를 생산해 냈습니다. 모두 수가공 제품이고 최고의 환경에서 최고의 산양유로 만든 우수한 제품입니다. 결코 그 어떤 외국산 치즈에 뒤지지 않습니다. 저희 치즈를 이 호텔에 넣고 싶습니다."

뜬금없이 찾아와 자기가 만든 치즈를 납품하게 해 달라니……. 독일인 주방장은 어이가 없다는 얼굴이었다.

"샘플이랑 명함을 두고 가시면 제가 연락드리겠습니다."

당시 지 신부가 명함이 있었겠는가? 세일즈를 본격적으로 하려고 했던 것도 아니었고, 사제였기 때문에 명함은 생각도 하지 못했다.

"죄송하지만, 제가 아직 명함을 준비하지 못해서요."

물건을 팔겠다는 사람이 명함조차 없다고 하니 독일인 주방장은 불편한 눈빛을 보냈다. 그리고 종이와 펜을 찾아 지 신부에게 내밀었다.

"그럼 여기에 연락처를 적으시지요."

지정환 신부는 종이에 이름과 전화번호를 적었다. 그리고는 그는 가방 속의 치즈를 꺼내들었다.

"네, 거기 놓고 가십시오."

샘플로 두려는 것이구나 하고 생각한 주방장은 제대로 쳐다보지도 않고, 자리에서 일어서려 했다. 그 때 지 신부가 독일인 주방장의 팔을 잡았다.

"주방장님! 그냥 가시지 말고 지금 맛이나 한 번 봐 주십시오."

대형 호텔의 최고 주방장. 사제의 눈빛이 너무나도 간절했는지 주방장은 칼과 접시를 가져오게 하여 샘플인 치즈를 한 입 잘라 맛보았다. 모든 것은 '이제 하느님의 결정일 것이다'라며 속으로 되뇌고 그 잠깐 동안 수차례 기도했다. 이윽고 주방장이 입을 열었다.

"음……. 이게 국내에서 직접 수가공으로 만드신 겁니까? 상당히 맛과 질이 좋습니다. 좋아요. 저희가 이 제품을 써도 좋을 듯 합니다. 납품하시지요."

하늘을 뛸 듯 기뻤다. 와락 주방장을 안아주고 싶을 정도였다. 당시 대한민국에서 제일 큰 호텔과의 거래를 성사하다니 천군만마를 얻은 기분이었다. 임실이라는 작은 마을에서 만들어낸 치즈가 어느새 조선호텔로의 납품을 하게 된 것이다.

사실 임실치즈의 맛이나 품질도 중요하겠지만, 외국인 성직자의 신분으로 찾아와 설득하는 그의 모습에 조선 호텔 주방장 역시 감동 받았다.

그러나 놀라움은 거기서 끝나지 않았다.

> 지 신부가 가져온 치즈를 맛본 조선호텔 독일 주방장은 놀라지 않을 수 없었다.
> 
> "이게 직접 만든 거라구요? 맛이 뛰어납니다. 저희가 이 제품을 쓰겠습니다. 납품해 주시지요."
> 
> 전라북도 두메산골 임실에서 만들어 낸 치즈가 대한민국 최고의 호텔에 입성하게 된 것이었다. 가슴이 벅차오르고 눈물이 날 것 같았다.

"일단 70킬로그램을 주문하겠습니다."

"7킬로그램이 아니고, 70킬로그램이오?"

갑자기 주방장이 껄껄거리며 웃기 시작했다.

"신부님! 저희 주방에서 하루에 쓰는 치즈가 7킬로그램입니다."

하루에 7킬로그램이라니……. 한 달도 아니고, 열흘마다 70킬로그램의 치즈를 주문받은 것이다. 만들어 놓은 치즈를 처분할 일이 하루하루 걱정이던 나날이었다. 그러나 이제는 주문량을 어떻게 다 만들어 낼지가 걱정이 되어 버렸다.

'치즈가 얼마나 남았더라?'

계속 남아있는 치즈량을 생각했지만, 피식피식 행복한 웃음이 났다.

## 끊임없는 호텔 납품으로의 두드림

조선호텔과의 거래가 성사되면서 다른 경쟁 호텔들에서도 임실 치즈를 찾기 시작했다. 신라호텔 등 유명 호텔들에 납품이 잇따라 결정되었고, 치즈공장은 쉴 틈 없이 바쁘게 돌아갔다.

그런데 치즈 대금을 결제 받는 과정에서 문제가 생겼다. 조선호텔 측에서 세금계산서 발행에 필요하니 사업자등록증을 가져오라고 요구한 것이다. 애초에 사업을 하려고 시작한 일이 아니었으니, 사업자등록증이 있을 리 없었다.

사업자등록증을 받으려면 먼저 치즈공장에 대한 영업 허가가 있어야 했다. 지정환 신부는 임실 군청을 찾아갔다.

"치즈는 음식물이니 보건소로 가 보십시오."

바로 보건소로 달려갔지만, 보건소에서는 다시 농림부를 지목했다. 그동안 한국에서 치즈를 만든 사람이 아무도 없었기 때문에 어느 부처에서 치즈공장에 대한 영업 허가를 담당할 것인지조차 결정되어 있지 않았던 것이다.

치즈를 다 팔아 발효실은 텅텅 비어 있는데, 사업자등록증이 없는 관계로 대금 지불이 지연되었다. 기다리다 지친 조합원들은 다시 아우성치기 시작했다. 더는 그냥 앉아 있을 수 없었다.

무작정 서울로 올라간 지 신부가 찾아간 곳은 농림부였다. 마침 농림부 차관이 천주교 신자라는 이야기를 전해들은 터였다.

'특혜를 달라는 것도 아니고 공장에 대한 허가야 쉽게 받을 수 있겠지.'

그는 내심 기대하고 있었다.

조선호텔로 임실치즈를 납품하고, 치즈를 확인 받는 모습

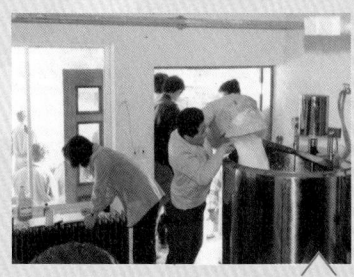
우유를 계근하여 냉각기에 붓는 과정

1975년 발전된 치즈공장

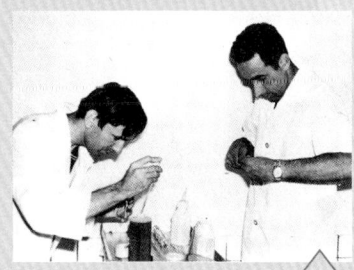
원유 검사를 하는 지정환 신부(우측)

새 기계(제조 뱃트)가 도착하여 하역하는 과정

"내국인들보다 외국인들을 상대로 판매해서 외화를 획득하고, 그 돈으로 농민들의 살 길을 터 나가겠습니다. 차관님! 도와주십시오."

하지만 돌아온 차관의 대답은 기대와는 전혀 달랐다.

"신부님! 정신이 나가셨습니까? 한국인들은 치즈도 모르고 살았던 사람들입니다. 왜 신부가 치즈를 만들고 계십니까? 신부님은 사람들을 위해 기도하고 미사를 드리기만 하면 됩니다. 왜 시간 낭비를 하십니까, 그냥 신부님 위치로 돌아가란 말입니다. 그리고 제가 호언장담하건데 대한민국 사람들은 100년이 지나도 치즈를 잘 먹지 않을 것입니다. 그러니 쓸데없는 데에 시간 낭비 하지 마십시오."

'비신자도 아니고 천주교 신자가 저런 말을 하다니 …….'

> "신부님! 왜 신부가 치즈를 만들고 계십니까? 신부님은 사람들을 위해 기도하고 미사를 드리기만 하면 됩니다. 왜 시간 낭비를 하십니까, 그리고 제가 호언장담하건데 대한민국 사람들은 100년이 지나도 치즈를 잘 먹지 않을 것입니다. 그러니 쓸데없는 데에 시간 낭비 하지 마십시오."
>
> 농림부 차관의 말에 지 신부는 꼭 성공시키겠노라고 다짐 또 다짐했다.

지정환 신부는 너무나도 기분이 상했다. 하지만 성직자로서 화를 낼 수도 없었다. 다만 입을 굳게 다물며 다짐했다.

'나와 우리 임실치즈공장이 꼭 대한민국 국민들이 찾는 치즈를 만들 것이다. 나의 기도와 노력으로 임실 지역을 치즈마을로 변하게 할 거다.'

그렇게 다짐을 한 후 지정환 신부는 군수와 도지사를 연신 찾아갔다.

"제발 정식 절차를 밟아서 유통이 가능하게 사업자등록증 좀 내어 주십시오. 우리 임실 주민들 이러다 큰일 납니다."

지 신부의 노력에 감동을 받은 것인지 공무원들은 새로이 '축산물 가공 처리법'을 만들어 임실치즈공장이 유통을 할 수 있도록 등록을 하였고, 호텔과 백화점 등 점차 판로를 증가시켜 나갔다. 그들의 치즈 유통은 그렇게 확대되었다.

## 입소문을 탄 임실치즈, 개혁을 시작하다

점차 확대되는 유통으로 치즈 생산은 활기를 띠었다. 하지만 늘어나는 치즈의 양을 보충할 만한 우유가 모자랐다. 겨울이 되면 양은 임신 중이기 때문에 우유를 생산하지를 못한다.

따라서 치즈를 만들 우유가 부족했다. 하지만 임실치즈와 계약을 한 곳에 공급하기 위해 치즈를 만들지 않으면 안 되었다. 그들은 모자란 우유를 보충하기 위해 급하게 서로 다른 양들의 우유를 섞거나 이전에 저장해놓은 우유를 넣어 치즈를 만들었다.

하지만 치즈를 만들 때 다르게 추출한 우유를 섞으면 산이 발생하고 초겨울에 양의 우유를 억지로 짜내게 되면 양 특유의 비린내가 난다. 그러한 우유로 치즈를 만들면 치즈에서 비린내가 나는 것은 당연하지 않겠는가.

겨울에는 어쩔 수 없이 이러한 우유로 치즈를 만들어 조선호텔이나 납품처에 공급하였다. 그러던 어느 날 호텔 측에서 지정환 신부를 불렀다.

"신부님! 참 이상하죠? 임실에서 제공하는 치즈 맛이 계절마다 달라요. 봄에 납품하는 치즈가 제일 맛이 뛰어나고 손님들도 좋아하는데 겨울에 제공하는 치즈는 손님들이 특유의 비린내가 나고 치즈 맛이 이상하다며 거부하세요."

지정환 신부는 걱정을 하지 않을 수 없었다. 어렵게 뚫은 판로였고, 판로의 확대로 치즈 생산과 임실 협동조합에서 생활도 좋아지고 있는데, 자칫 잘못하면 이 거래마저 끊어질 수 있었기 때문이었다.

그는 한참을 고민하고 있었다. 그러던 어느 날 신태근이

지 신부를 찾아왔다.

"신부님! 아시다시피 산양은 한계가 너무 많습니다. 이제는 우리도 젖소로 바꿔야 합니다."

하지만 젖소로 바꾸는 게 쉽지 않았다. 젖소의 가격이 너무나도 비쌌기 때문에 선뜻 사람들에게 양을 전부 처분하고 젖소로 바꾸자고 하기 어려웠기 때문이었다. 이미 함께 치즈를 만들던 사람들은 양유의 한계를 알고 있었다. 하지만 젖소를 바꾸기에는 어려움이 있었고, 지 신부 역시 젖소가 가장 좋다는 점을 알고 있었지만 조합원들 하나하나의 개인적인 사정까지 일일이 고려해야 하는 지 신부의 입장으로서, 처음에는 젖소로 바꾸는 것을 반대했다.

그러나 1972년 지 신부가 가장 신뢰했던 신태근이 어느 날 양 몇 마리를 처분하고 모은 돈으로 젖소를 산다고 했다. 신태근이 전주에서 젖소를 사는 날 지 신부는 모든 일을 뿌리치고 그에게 달려갔다. 직접 전주까지 와 신태근을 격려하고, 그가 산 젖소를 물끄러미 바라보았다.

"그 양반, 어찌나 오래 보고 또 보시는지……."

그때가 1972년이었으니 35년을 훌쩍 넘긴 일이건만, 신태근은 아직도 그날의 지 신부를 잊지 못한다.

신태근이 젖소를 사서 임실로 도착하자 임실에는 다시 젖소로 바꾸자는 의견들이 있었다. 이에 지정환 신부는 사람들에게 양을 모두 팔고 젖소로 바꾸자고 제의하였다. 우려했던 대로 사람들의 반발은 생각보다 강했다.

"신부님! 왜 잘 키우고 있는 양을 팔라는 겁니까?"

"제가 이 양들을 어떻게 키웠는지 아시지 않습니까? 저는 이 양들 못 팝니다."

"꼭 양을 팔고 젖소로 바꿔 치즈를 만들어야 하나요? 이대로라도 충분하지 않습니까? 지금까지 잘해 왔는데 왜 새로운 모험을 하려 합니까?"

젖소의 가격이 이들이 감당하기에는 어려웠을 뿐만 아니라 정성스레 키운 양을 팔아야 한다는 사실에 사람들이 반발하는 것을 지 신부는 이해할 수 있었다.

하지만 그들을 이해한다고 지금 결단하지 않으면 생산에

---

입소문이 타기 시작하면서 물량도 많아진 임실치즈는 제품의 유지를 위해 산양유가 아닌 젖소로 바꿔야했다. 하지만 조합원들의 개개인의 사정을 고려하지 않으면 안 되는 사제의 입장에서 쉬이 젖소로 바꾸지 못하고 있었다. 그 와중에 신태근이 양을 처분하고 젖소를 샀다. 젖소를 사는 전주로 직접 가 그가 산 젖소를 하염없이 바라보았다.

"그 양반, 어찌나 오래 보고 또 보시는지……."

서 밀리고 수요가 부족하게 되는 것은 분명했다. 지금이 개혁을 해야 하는 절호의 기회였다.

지정환 신부는 결단을 내렸다.

"이제 모두 가진 양을 처분하고 젖소로 바꿉시다. 어려운 건 압니다. 하지만 여러분이 다들 알 듯 양유로 치즈를 만들기에는 한계가 있고, 이대로 가다간 어려워 질 수 있어요. 젖소로 바꿉시다."

지정환 신부는 끝까지 설득을 포기하지 않았다. 그리고 무엇보다 조합원들 스스로 문제의 심각성을 충분히 인식하고 있었으므로 결국 모두의 동의하에 젖소 사육이 결정되었다.

하지만 단 한 명만은 끝까지 거부했다.

"제가 얼마나 어렵게 양을 20마리를 키웠는데 그것을 왜 팝니까? 저는 팔지 않을 랍니다."

끝까지 거부하던 그는 어느 날 자신의 양을 데리고 이사를 갔다. 지 신부는 섭섭한 마음이 앞섰다. 그를 이해하지 못하는 것은 아니지만 자신의 마음을 알아주지 못하는 것이 못내 섭섭했다. 하지만 그가 다른 곳에 가서도 잘 살 수 있기를 간절히 기도했다.

"하느님! 그가 어느 곳에서 무엇을 하든 그를 도우소서."

1972년 남은 사람들은 자신들이 정성스럽게 키운 양을 팔고 젖소를 샀다. 젖소로 바꾼 후 우유의 생산은 급속도로 증가했으며, 치즈의 맛도 달라졌다.

치즈의 종류는 여러 가지이나 한국인에 가장 알맞은 치즈는 역시 젖소의 우유로 만든 치즈였던 것이었다.

우유의 양이 증가하고, 계절에 따른 우유 생산량의 변동이 없었기에 당연히 치즈의 생산도 증가되었으며, 판로 유지가 계속 이어졌다. 그러면서 치즈의 생산과 판매가 안정화로 접어들게 되었다.

그리고 모든 조합원들이 산양을 처분하고 젖소 사육을 시작하여 우유를 생산해 내고 치즈를 만들었고, 치즈가 주산업으로 바뀌었기 때문에 명칭 변경이 필수였다. 먼저 그는 1972년 6월 치즈공장 고문 및 신용조합 이사장을 사임하고 투자한 자금 및 공장시설물 등 일체를 조합 이사장인 김명산과 공장 관리 조합원인 윤영섭에서 양도했다.

> 산양에서 젖소로 바꾸고 주산업이 치즈로 바뀌었기 때문에 명칭을 변경할 수밖에 없었다. 그래서 임실치즈신용협동조합을 설립하고 지정환 신부는 모든 것을 주민들에게 양도했다. 하지만 1981년까지 임금을 전혀 받지 않고 전무이사라는 직함을 가지고 치즈 교육, 판로 개척 등을 담당하였다.

그리고 그들은 임실치즈신용협동조합을 만들었다. 이는 신용협동조합과 임실치즈공장과 연계한 것인데, 자금이 부족할 때 신용협동조합의 대출금을 받기 위해 변통적으로 이를 이용하여 임실치즈협동조합을 만들었던 것이다.

이 임실치즈신용협동조합은 1981년 정식으로 신용협동조합의 인가를 받게 되었지만 약 10년간 신용협동조합의 정관을 변용하여 치즈협동조합과 변통하여 사용했던 것이다. 비록 10여 년간 정식적인 인가를 받지 못했지만 이를 이용하여 임실치즈를 발전시키고, 확대 시켰다. 신용협동조합이 임실치즈와 만나 지역의 농민들과 주민들의 터전을 확대하고 생활을 발전시키는 바탕이 되었던 것이다.

임실치즈신용협동조합의 탄생으로 지정환 신부가 모든 일선에서 물러난 것이 아니었다. 그는 1981년까지 협동조합의 전무이사라는 직함을 받았고, 임금을 전혀 받지 않으며 치즈의 생산 공정을 관리하는 한편, 판로 개척을 위해 쉴 새 없이 뛰어다녔다. 그리고 무엇보다 기왕에 조직된 조합이 더욱 체계적으로 운영될 수 있도록 농민들을 교육하는 일에 열중했다.

# 08

치즈 신부, 치즈 영역을 확대시키다

거대 기업으로부터 지킨 자존심
모차렐라치즈 그게 뭐요?
대기업들과의 공존: 지방 세력의 승리

# 치즈 신부,
## 치즈 영역을 확대시키다

이탈리아에서 만난 공산당원의 치즈 만드는
비법 노트를 토대로 모차렐라치즈를 만들어 숙성할 시간도 없이
그냥 007 가방에 넣고 버스를 탔다. 널컹덜컹 거리는 차속에서
007 가방 속의 치즈가 궁금했다.
"사장님! 여기 모차렐라치즈 만들어 왔어요. 내 가방의 치즈를 확인해 봐요."
가방을 여는 순간 그는 기쁨을 감출 수 없었다.
100% 성공이었다.

체더치즈의 성공과 확대로 임실치즈는 점점 유명세를 타기 시작했다. 더욱이 국내에서 치즈를 자체적으로 생산해 내는 곳이었고, 농민들이 협동하여 만든 지역 공동체라는 점에서 더 의의가 있었다.

또한 임실치즈신용협동조합의 설립은 임실의 또 다른 발전이었다. 지정환 신부는 임실에 처음 온 순간 보았던 주민들의 처절한 모습과 군수가 한 말을 늘 잊지 않고 있었다.

"내가 여기를 떠나기 전 이들에게 꼭 무언가를 남겨주고 가겠다."

임실치즈가 자리 잡을수록, 그리고 조합원들과 주민들의 얼굴에 희망이 보일수록 그도 함께 행복했다. 천형의 자원이 너무나도 유익한 천혜의 자원으로 탈바꿈되었듯이 사람들도 점차 변화하고 임실도 변화하고 있었다.

한 번도 이것이 자신이 한 것이라 생각한 적이 없었다. 그들과 함께 했고, 그들이 감내해 냈기 때문에 가능하다고 여겼다. 그리고 모든 것이 하느님의 뜻이라 여겼다.

그렇게 임실은 조금씩 발전하고 있었다. 하지만 우물 안 개구리는 세상을 볼 수 없듯이 지금의 성장에 만족해서는 안 될 일이었다.

## 거대 기업으로부터 지킨 자존심

임실치즈의 유지와 성장을 위해서는 농민들에 대한 교육이 필수였다. 모든 것을 임실 주민들에게 돌려주었지만, 그는 사제로서의 역할을 하는 동시에 치즈 교육자로서의 역할을 담당했다.

치즈 생산은 단순한 것이 아니다. 젖소를 키울 때 젖소가 싱싱한 우유를 생산해 낼 수 있도록 관리 및 유지가 첫 번째로 중요하다. 특히 젖소에 항생제 주사를 놓으면, 다음날 짠 우유에 10퍼센트의 항생제가 섞여져 있다. 항생제가 남아 있는 우유는 나쁜 균뿐만 아니라 좋은 균까지 살균해 버리기 때문에 좋은 치즈를 생산해 낼 수 없다. 따라서 젖소의 꾸준한 관리가 필수다.

더불어 이러한 관리뿐만 아니라 치즈를 만들고 보관하는 기술, 이 모든 것이 나와 조합의 것이라는 공동의 유대감을 심어줄 필요가 있었다. 강요가 아닌 주민들의 자발적인 책임의식이 요구되었다. 지 신부는 이러한 모든 것에 초점을 맞춰 교육을 해 나갔다.

특히 부안에서 함께 간척지를 만들었지만, 모두가 팔고 떠나버린의 뼈아픈 추억이 지 신부에게는 지울 수 없는 아픔이었다. 임실에서 이러한 아픔이 다시 되풀이 되지 않길 바랐다. 단순히 지금의 배고픔과 어려움을 극복하지 못하고 한명이 이탈하기 시작하면 도미노처럼 이탈하지 않던가! 그는 그러한 우려를 했던 것이다.

"길가의 걸인을 데려다 아무리 깨끗이 씻기고 좋은 옷을 입혀도, 그 사람의 내면까지 변화시키지 못하면 그는 언젠가 다시 동냥을 하게 된다."

진심을 담아 임실 농민들에게 자신이 알고 있는 모든 것을 전달했고, 책임감을 부여하기 위해 매일 기도하고 교육하고 그렇게 노력했다.

"하느님! 이들이 스스로 할 수 있는 책임감과 임실치즈가 앞으로 계속 발전할 수 있도록 이들을 지켜주소서!"

임실치즈의 소문은 대기업인 S사까지 전해졌다. 그러던 1971년 어느 날 S사의 관계자가 임실치즈공장을 찾아왔다.

S사는 당시 호주에서 생치즈를 수입하였는데, 그 때는 생치즈를 수입하면 생치즈를 가공할만한 기술이 없어서 국내에서 완제품으로 판매를 하지 못하고 홍콩이나 일본, 태국 등 다른 곳으로 수출을 해야만 했다. 하지만 호주 생치즈의 수입량에 비해 팔 수 있는 곳은 한계가 있어 S사는 문을 닫을 지경에 이르렀다. 그 때 마침 임실치즈는 자신들의 문제를 타계할 수 있는 대안이었다.

그래서 S사는 임실치즈공장에서 생산해 낸 치즈를 납품받아 치즈판매를 생각해 냈다. 그리고 임실치즈공장에 계약을 제안했다. 하지만 1971년 임실치즈공장은 조선호텔 등 기존 거래처에의 납품 물량이 적지 않은 때였으므로 지정환 신부는 이듬해인 1972년까지 계약을 미뤄 두었다.

정식 계약을 한 날 S사는 한 달에 1,000킬로그램의 치즈를 납품할 것을 제안했다.

'한 달에 1,000킬로그램? 이게 진짜야?'

엄청난 물량에 조합원들과 농민들은 놀라면서도 기쁨을 감추지 못했다. 하지만 옆에서 계약서 조항을 읽어 내려가던 지 신부의 안색은 달랐다. 그는 기쁨이나 놀람대신 근심 어린 표정이었다. 계약서에서는 임실치즈협동조합에서 매달 1,000킬로그램의 납품량을 채우지 못하면 S사에 손해배상을 해야 한다는 조항이 있었던 것이다.

S사에 대한 납품량 미달 시 손해배상 청구만 기재되어 있고, S사가 1,000킬로그램을 임실치즈협동조합으로부터 가져가지 않으면 S사가 임실치즈협동조합에 손해배상을 해 줘야 한다는 조항은 전혀없었다. 요즘 사회문제로 대두되는 갑의 횡포였다.

　지 신부는 S사의 계약서 내용 그대로 받아들일 수 없었다. 만약 1,000킬로그램으로 계약했다가 S사에서 가져가지 않으면 그 비용은 모두 임실치즈공장에서 부담을 져야 하기 때문이었다. 지정환 신부는 S사에서 제시한 1,000킬로그램을 거부했다.

　"한 달에 400킬로그램으로 합시다. 그 이상은 안 됩니다."

　사실 대기업 갑의 입장에서 보면 얼마나 당황했겠는가? 하지만 지정환 신부와 임실 농민들은 당장의 이익에 급급해 하지 않고 갑과 을의 입장이 아닌 서로의 필요에 의한 쌍방 계

> "S사에서 제안한 1,000킬로그램의 물량을 거절하고 400킬로그램의 물량만 계약하는 것이 크기만 봤을 때 대부분 어리석다고 할지 모른다. 하지만 대기업의 횡포가 언제 어떻게 발생할지 모르는 상황에서 눈앞의 이익만을 보고 결정할 수 없었다."

약을 하려 하였다. 그리고 한 달에 400킬로그램씩 납품하기로 결정했다.

1년의 계약 기간이 끝나고, S사는 연장 계약을 하면서 치즈 물량을 늘리려고 하였다. 하지만 지 신부는 계약 조건을 받아들고 기존의 조건대로 계약을 연장하고, 대신 같은 가격 조건으로 700킬로그램을 최우선적으로 S사에 납품하겠다고 약속했다. 그리고 그 다음 해에는 1,500킬로그램으로, 납품하는 치즈의 양을 점차 늘려 갔다.

세 번째 계약 기간이 끝날 무렵 계약의 연장을 위해 S사가 3개월 전에 미리 통보를 해야 했지만, S사 쪽에서는 아무 연락이 없었다. 하지만 지 신부는 S사에 먼저 연락하지 않았다. 마지막 날 S사에서 지 신부에게 연락을 했다. 지 신부는 대기업의 이러한 행동에 중소기업이나 지방이 언제든지 피해를 입을 것이라 판단하고 결단을 내려야겠다고 생각했다. 이는 S사의 전화에 바로 통보해 버렸다.

"연장을 할 거라면 3개월 전에 했었어야 했는데, 계약 마지막 날까지 아무 말도 없었으니 내일부터 계약은 만료된 것으로 알겠습니다."

지 신부의 결단에 다급한 것은 임실이 아니라 대기업 S사였다. 내일 당장 치즈의 공급이 중단될 상황이었고 그럼 기업이 막대한 손해를 입게 되는 것이었다.

"아니, 신부님! 계약을 연장해야지요. 이러시면 안 됩니다. 저희가 주문량을 늘리겠습니다. 공장 확장도 필요하지 않으십니까? 저희가 비용을 융통해 드리겠습니다. 좋은 혜택을 드릴 테니 연장하시지요."

임실치즈 생산량의 절반 이상을 한 회사에 의지하고 있는 것도 지 신부의 입장에서 내심 불안했다. 그 회사가 갑자기 매입을 하지 않으면 남아도는 물품은 어떻게 되는 것인가? 먼 미래까지 고려해야 하는 것 아닌가? 게다가 대기업의 돈을 빌려 치즈공장을 확대하면 임실치즈공장은 S사의 종속물이 될 것 아니겠는가?

"나는 임실치즈가 하루아침에 큰 기업이 되는 것을 바라지 않습니다. 꼭 확장해야 할 필요가 있다면 언젠가 우리 스스로 하겠습니다."

그리고 지 신부는 S사의 계약을 단호히 거절했다. 속이 타들어간 S사 관계자는 다급히 이야기 했다.

"그럼 지금 생산되어 있는 치즈라도 전량 저희 쪽에 파십시오. 저희 내일 당장 납품을 하지 않으면 큰일입니다. 지금 있는 물량이라도 주십시오."

지 신부는 내심 깜짝 놀랐다. 지금 치즈공장에 있는 물량을 모두 판매하라니 ……. 하지만 표현하지 않았다. 변하지 않는 얼굴로 S사 관계자에게 이야기 했다.

> S사가 제시한 계약 조건이나 계약 방식을 그대로 받아들였다면 임실치즈는 지금쯤 사라졌을지도 모른다. 작은 것을 얻기 위해 큰 것을 내놓는 어리석음을 범하지 않았기에 지금의 임실치즈가 존재했을 지도 모른다.

"계약 연장도 되지 않았고, 계약도 해지되었으니 기존 계약서상의 가격으로는 남은 치즈를 드릴 수는 없습니다. 꼭 사셔야 한다면 다른 일반 거래처에 저희가 판매하고 있는 가격으로 사 가십시오."

그동안 대기업의 대규모 거래 탓으로 다른 거래 업체보다 훨씬 낮은 가격으로 S사에 납품을 하고 있었는데, 이제 전세가 역전된 것이다. S사는 어쩔 수 없이 임실치즈농협의 제안을 받아들여야만 했다. 신뢰를 저버리는 것이 얼마나 큰 손실을 가져오는지 뼈저리게 느끼게 되는 사건이었다.

S사와 지정환 신부의 계약과 관련한 이 에피소드를 보면 대기업에 좌지우지 되는 현재의 중소기업이나 지방의 모습과 비교된다. 대기업과의 공존에서 지방 세력이 승리한 것이다.

## 모차렐라치즈 그게 뭐요?

S사와의 계약 종료는 작은 것을 얻기 위해 큰 것을 버리지 않은 지정환 신부의 혜안이었을지 모르지만, 당장의 큰 거래처를 놓친 주민들의 원망은 거세졌다. 주민들을 이해하지 못하는 것도 아니었다. 그들 입장에선 당연할 지도 모른다고 생각했다.

하지만 지정환 신부는 거래가 끊긴 대기업에 대한 미련보다 새로운 거래처를 찾는 게 우선이라 여겼다.

1972년 여름 무렵 지정환 신부는 새로운 판로 개척을 위해 서울 명동의 유네스코 빌딩에 들렀다. 이 건물 2층에는 한국 첫 번째 피자 가게가 있었는데, 지 신부는 피자에 치즈가 필요할 것이라고 생각하고 주인을 찾아갔다.

지 신부는 피자 가게 주인을 만나자 마자 대뜸 임실에서 만들어 낸 체더치즈를 꺼냈다.

"사장님! 피자를 만들려면 치즈가 필요하지요? 이것은 저희 임실치즈협동조합에서 만든 국내산 체더치즈입니다. 맛뿐만 아니라 품질도 아주 뛰어납니다. 한번 드셔보시고, 피자 만드는데 사용해 보시는 것은 어떨지요"

세상에……. 피자에 체더치즈라니……. 치즈를 만드는 사람이 피자에 어떤 치즈가 들어가는지 몰랐던 것이었다. 체더치즈를 사라고 한 지 신부의 말에 피자 가게 사장은 웃음을 지었다.

"신부님! 피자에는 모차렐라(Mozzarella)치즈라는 것이 들어갑니다. 체더치즈는 사용하지 않아요. 모차렐라치즈 있으세요?"

모차렐라치즈?

지 신부는 모차렐라치즈가 무엇인지 몰랐다.

"그게 뭐요? 피자에 들어가는 것인가요? 그게 필요하단 말이지요? 그럼 내가 그것을 만들어 다시 오겠습니다. 그 때 만들어오면 우리 치즈를 써야 해요. 약속할 수 있지요?"

당시 한국에는 모차렐라치즈가 제대로 수입되는 상황이 아니었고 만드는 곳도 없었다. 미군부대에서 들어오는 모차렐라치즈로 피자를 만들었던 것이었다. 피자 가게 주인 입장에서는 합법적으로 들어오면서 게다가 품질까지 더 좋다면 그것만큼 좋은 것은 없을 거라 판단했다.

진지한 신부의 말에 사장은 "그렇게 하겠다"는 말로 응수했다.

다시 임실로 돌아오는 길에 모차렐라치즈라는 단어를 계속 반복했다.

"모차렐라? 그거 어디서 많이 들었는데 ······. 어디서 들었더라 ……. 분명 본 기억이 나는데 ……. 그게 어디지?"

임실로 돌아와 집으로 올 때까지 그의 머릿속에서는 모차렐라치즈라는 단어가 떠돌고 있었다.

집에 도착한 지 신부는 일단 모차렐라치즈 생산방법을 알기 위해 프랑스 지역개발단체에 편지를 보냈다. 프랑스 지역개발단체에서는 모차렐라치즈를 만드는 방법을 아주 간단히 메모한 답장을 보내왔을 뿐이었다. 실망을 했다. 하지만 모차렐라치즈가 뭔지도 모르는 상황에서 이 간단한 답변에 의지하여 만드는 방법뿐이었다.

그리하여 1972년 프랑스 지역개발단체에서 알려준 방법으로 처음으로 모차렐라치즈 만들기에 도전했다.

우선 신태근을 불러 우유 800리터를 마련해 달라고 했다.

"성공하실 확률이 몇 퍼센트나 됩니까?"

지 신부 역시 확답할 수 없었다. 그렇다고 자신 있다고 거짓말도 할 수 없었다.

"0퍼센트!"

당시 치즈협동조합에서 실질적인 관리 업무를 맡고 있던 신태근으로서는 본 적도 없는 모차렐라치즈를 만드는 데 우유 800리터를 내놓는다는 것이 당연히 부담스러웠다.

"그럼 800리터는 안 됩니다. 200리터만 드리지요."

200리터의 우유양으로는 모차렐라치즈를 만들어 보는 데

임실산양협동조합 회원 및 직원들

공장 내부

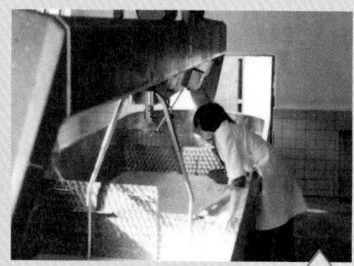

치즈 제조 과정 중 유청 제거 작업

모차렐라치즈 제조를 위한 스트레칭 과정

모차렐라치즈의 커드를 자르는 과정

턱없이 부족했다. 하지만 실질적 관리를 담당하는 신태근의 입장도 고려해야 했다. 그래서 지 신부는 신태근에게 받은 200리터와 자신이 따로 준비한 600리터를 합해 모차렐라치즈를 만들기 시작했다.

모차렐라치즈를 만들기 위해서는 우유에서 물기를 제거하여 응고시킨 덩어리인 커드를 82도의 뜨거운 물에 넣어 주무르며 치대는 과정을 계속 반복해야 한다. 이는 모차렐라치즈 특유의 쫄깃함을 얻고 치즈의 향이 구석구석 골고루 퍼지도록 하기 위한 것인데, 이러한 과정을 일명 스트레칭이라고 한다.

고무장갑을 몇 개씩 겹쳐 끼고는 끓기 직전의 뜨거운 물에 손을 넣었다. 그렇게 한참 치즈를 주무르고 또 찬물에 손을 넣어 식히고, 그런 과정을 몇 번이나 반복하고 나니, 나중에는 손이 벌겋게 부풀어 오르는 것은 물론이고 손의 감각 자

> "모차렐라? 그거 어디서 많이 들었는데……. 그게 어디에 있었지?"
>
> 지 신부는 모차렐라치즈 만들기에 착수했다. 이전에 받은 치즈 노트에 방법이 고스란히 적혀 있었다. 그것을 토대로 모차렐라치즈를 만들기 시작했다.

체가 아예 사라지는 느낌이었다.

하지만 첫 번째 도전은 실패했다. 모차렐라치즈는 열을 가하면 실처럼 길게 늘어나는 탄력성이 생명인데, 지정환 신부가 만들어 낸 치즈는 손가락 반 마디만큼도 제대로 늘어나지 않았던 것이다.

실패했다고 포기하지 않았다. 그는 다시 벨기에의 가족들에게 편지를 썼다.

총 다섯 가지의 모차렐라치즈 생산 방법을 알아봐 달라고 부탁했다. 즉 벨기에·프랑스·이탈리아 세 나라의 각각 고유한 방식과 옛날 시골에서 만들던 전통 방식, 그리고 현재 소규모의 공장들에서 사용하고 있는 방식의 다섯 가지였다. 그는 각각의 방식들에 공통된 점이 있다면 그게 방법이 아닐까 생각했다.

실패에 대한 낙담과 벨기에에서의 답장을 기다리던 순간 갑자기 이탈리아 공산당 당대표의 비서에게 받았던 노트가 생각이 났다. 그리고 집으로 달려가 그 노트를 꺼내왔다. 바로 그 곳에 다양한 치즈의 노하우가 있었던 것이었다.

"그래! 여기서 봤었어 ……. 여기 있었구나. 왜 진작 생각을 하지 못했지?"

그는 책을 열심히 뒤졌다. 모차렐라치즈에는 세 가지 종류가 있다. 이탈리아식, 프랑스식, 그 중간식 이 세 가지이다.

8. 치즈 신부, 치즈 영역을 확대시키다

이 책을 보던 중 벨기에에서도 편지가 도착했다.

노트와 벨기에에서 보내온 답장을 토대로 방법을 정리했고, 지 신부는 한국 사람들에게 잘 맞는 중간 방법을 택했다. 그리고 바로 모차렐라치즈 만드는 것에 착수했다.

정신없이 만들었고, 숙성할 시간도 모자랐다. 그는 피자 가게 사장과의 약속일이 다가와 모차렐라치즈 성공 여부도 보지 않고 만든 치즈를 007 가방에 넣고 버스를 탔다.

덜컹덜컹 거리는 차속에서 007 가방 속의 치즈가 궁금했다. 그러나 가방 속의 치즈는 스스로 숙성을 하고 있었다.

'지금도 숙성되고 있을 거야.'

서울에 도착하여 명동 유네스코 빌딩 2층으로 갔다. 그는 피자 가게 사장을 향해 소리쳤다.

"사장님! 여기 모차렐라치즈 만들어 왔어요. 내 가방 속에 있는 치즈를 확인해 봐요. 이게 사장님이 원하는 그 모차렐라치즈가 맞다면 우리의 치즈를 받겠다는 약속 지켜야 해요."

제대로 확인조차 하지 않았고, 노트를 보고 처음 만들어 본 치즈였다. 그는 속으로 조금의 걱정은 있었지만 전혀 티를 내지 않고 가방을 열었다.

'툭툭' 가방을 여는 순간 그는 기쁨을 감출 수 없었다. 100% 성공이었다.

"신부님! 맞아요. 이게 모차렐라치즈예요. 우와 국내에서 직접 만드셨는데 품질이 상당히 좋네요. 이거 얼마나 납품해 주실 수 있으신가요?"

지 신부는 정말 기뻤다. 다시 한 번의 성공의 순간이었다. 이 순간을 임실에 있는 조합원들이 봤다면 얼마나 행복해 했을까 하는 생각을 했다.

그 순간 피자 가게 사장은 대뜸 다른 주제의 말을 꺼냈다. 그는 임실치즈의 총대리점을 자신에게 달라고 했던 것이다. 지 신부는 뜸금없는 그의 제안에 당황했고, 주저하지 않고 대답했다.

"임실치즈협동조합은 농민들이 주축으로 된 것으로 모든 것은 농민들이 알아서 해야 합니다. 다른 사람에게 줄 수 없습니다. 대신 이 피자 가게에서 주문하는 대로 치즈는 전부 우선적으로 제공하겠습니다."

사장은 아쉬웠지만 어쩔 수 없이 치즈를 공급받는 것만 하기로 했다.

판로를 하나 더 확보하게 된 날 이었다. 그리고 모차렐라치즈를 처음으로 국내에서 만든 날이었다. 돌아오는 하늘이 그리도 아름다울 수 없었다. 지 신부는 뛰는 가슴을 감출 수 없을 정도로 기뻤다.

"하느님! 우리들이 하나씩 해 나가고 있습니다. 모두 하느님의 뜻입니다. 감사합니다. 저희에게 더욱 힘을 주십시오."

지 신부의 걸음걸이는 가벼워지고 있었다.

유네스코 빌딩의 피자가게와의 계약이 성공하고 임실치즈협동조합에서 모차렐라치즈를 생산해냈다는 소문이 이곳저곳 퍼지면서 다른 피자 가게에서도 문의가 들어오기 시작했다.

지금은 피자가게가 외국의 체인점 등 너무나도 흔하고, 즐겨먹지만 1970년대만 해도 피자 가게는 몇 개 되지 않았다.

임실치즈협동조합에 모차렐라치즈를 문의한 가게가 또 하나 있었다. 서울에서 치즈의 판로 개척을 맡고 있던 신태근의 동생이 전화를 걸어 이야기 했다.

"신부님! 패티 김이라는 가수가 신부님을 꼭 한 번 뵈어야겠답니다."

당시 패티 김은 이탈리아계 미국인과 재혼한 지 얼마 되지 않았을 때였다. 그 남편이 서울에서 피자 가게를 곧 시작할 예정에 있었는데, 안 그래도 외국인과 재혼했다는 이유로 여론이 좋지 않은 상황에서 암시장에서 불법으로 치즈를 구입했다는 소문이 돌았다가는 또 다시 구설수에 오를 것이 뻔한 일이었다. 그러던 차에 임실에서 모차렐라치즈가 만들어지고 있다는 소식을 접하고는 그 즉시 지정환 신부에게 연락을 취했던 것이다.

지 신부는 당장 사장을 만나러 갔다.

"신부님! 저희에게 치즈를 계속 공급해 주실 수 있으시겠습니까?"

"물론입니다. 저희와 거래하시는 한 치즈에 대해서는 아무 걱정 안 하셔도 됩니다."

계약을 하고 돌아왔다. 그런데 지 신부는 패티 김이라는 가수를 몰랐다고 한다. 피자 가게 사장이 자신의 부인이 패티 김이라고 하여 그저 그렇구나 라고 생각했을 뿐이었다.

임실로 돌아와 사람들에게 패티 김이라는 사람을 아느냐고 했더니 모두들 유명한 가수인데 그 사람과 계약을 했냐고 놀라워했다.

"키가 신부님만 하던가요, 더 크던가요?"

"목소리는요? 말할 때도 옥구슬 굴러갑디까?"

모두가 궁금해 했다. 그러나 한국에서 살아가고 있었지만 대중문화와 가깝지 않고 단지 성당과 치즈에만 신경을 썼던 그에게 패티 김이라는 유명 가수는 그저 다른 사람과 다르지 않았을 뿐이었다. 그는 이 일을 하나의 재밌는 에피소드로 기억하고 있었다.

그러나 지 신부는 패티 김의 피자 가게가 꼭 성공하기를 기도했다. 그녀를 위해서이기도 했지만, 임실치즈를 위해서였다.

# 대기업들과의 공존 : 지방 세력의 승리

1970년대 박정희 정부는 지방 세력의 강화 및 대기업들을 분산시키기 위해 기업들을 각기 다른 지방으로 보냈다. 특히 유가공 기업들은 농장이 필요하였는데, 여러 곳으로 분산시켰다. 경상남도 매일우유, 경기도에 서울우유, 전라북도에 롯데유업으로 결정해 보냈다. 젖소를 키우는 농장을 구하기 위해서는 일단 물이 많고, 풀이 많은 산간지역이어야 했다. 전라북도로 결정된 롯데유업은 먼저 전라북도 삼례로 정했다.

하지만 삼례 지역은 젖소를 키워본 적이 없어 젖소에 대하여 잘 몰랐다. 젖소는 유방 부분이 상당히 취약하기 때문에 관리를 잘 하지 않으면 유방암으로 잘 죽었다. 그래서 수의사들의 역할이 중요했다. 하지만 삼례의 수의사는 젖소를 잘 몰랐다.

이 때 롯데유업은 임실을 생각했다. 그들은 젖소를 키우고 있고 우유를 생산하여 치즈를 만들기 때문에 자신들이 들어가기에 좋은 곳이라 생각했다. 그리하여 롯데유업은 삼례에서 임실로 농장을 옮기기로 결정했다.

롯데유업이라는 대기업이 임실로 들어온다는 사실에 사람

들은 걱정을 하기 시작했다. 지정환 신부 역시 그들이 치즈라도 생산하게 되면 대기업이기 때문에 자신들이 밀린다는 생각을 하고 있었다.

롯데유업은 아직 치즈를 생산하지 않았기 때문에 혹시나 하는 마음이 떠나지 않았다. 롯데유업이 임실로 들어오고 나서 지정환 신부는 롯데유업 관계자와 만남을 가졌다. 롯데유업에서 제시한 것은 의외였다.

"신부님! 우리는 농민들을 위해 왔습니다. 걱정하시지 말고 함께 일하도록 합시다."

이러한 제안에 지 신부는 그들의 의도가 무엇인지 궁금했다.

"어떻게 함께 일한다는 것입니까? 당신들도 우유를 만들고 우리도 우유를 만드는데……. 그럼 이렇게 합시다. 당신들은 대기업이기 때문에 우유도 대량 공급을 할 것입니다. 만약 당신들 농장에서 생산해 내는 우유가 없다면 우리가 우유를 공급하겠습니다. 우유가 모자라면 우리에게 우유를 사가세요. 우리의 우유는 최상급 우유예요. 당신들도 만족할 것입니다. 그리고 당신들이 우유가 너무 많이 남아 처리를 하지 못하면 우리에게 그 우유를 주십시오. 우린 그 우유로 치즈를 만들겠습니다. 우린 치즈를 만들기 때문에 우유가 많이 필요로 하지요. 어떻습니까?"

지 신부의 이러한 제안에 롯데유업에서는 흔쾌히 받아 들였다. 지 신부는 한 가지 더 제안을 했다. 바로 임실의 발전을 가져왔던 치즈에 관한 것이었다.

"우린 농민들이 여러 시행착오를 거쳐 한국에서 최초로 치즈를 만들어 냈습니다. 이것이 이들의 생계입니다. 그러니 롯데유업에서 치즈를 생산하지 않았으면 합니다. 필요하다면 우리가 공급하지요. 만약 당신들이 치즈를 생산해 낸다면 대기업인 당신들에게 우리는 밀릴 수밖에 없어요."

아무리 대기업이라도 룰이 있지 않았을까? 롯데유업이 처음 임실에 들어왔던 1978년으로부터 40년이 조금 안되는 세월이 흘렀다. 그들은 치즈를 생산하지 않았다. 물론 우유의 생산이나 판매를 둘러싼 크고 작은 잡음도 있었다. 실제로 1980년대 중반에는 조합원들의 이탈을 둘러싸고 임실치즈공장과 갈등을 빚기도 했다. 그러나 애초의 예상에 비한다면

> "우리는 정말 여러 번의 시행착오를 거쳐 한국 최초의 치즈를 만들었습니다. 임실치즈는 주민들의 목숨과 같아요. 그러니 롯데유업에서 치즈 생산은 하지 않았으면 합니다." 롯데유업이 처음 임실에 들어왔던 1978년으로부터 40여 년의 세월이 흘렀다. 그들은 치즈를 생산하지 않고 있다.

야 실제로 일어난 문제의 정도는 훨씬 적었다. 물론 득보다 실이 많다는 계산에서였겠지만, 롯데유업에서 아직까지 치즈를 생산하지 않고 있다.

이는 시장의 개방으로 치즈의 종류가 많아져 생존율이 낮아 그럴 수도 있지만, 임실과의 처음 약속을 조금이나마 지켜내고 있는 것은 아닐까?

# 09

치즈와 바꾼 건강, 새로운 곳으로 눈을 돌리다

다발성신경경화증의 발병
치즈 신부, 장애인 사목 지도신부로 거듭나다
장애인들의 영원한 아버지

# 치즈와 바꾼 건강, 새로운 곳으로 눈을 돌리다

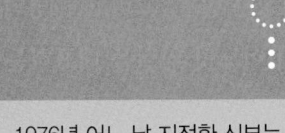

1976년 어느 날 지정환 신부는 몸에서 이상 징후를 느꼈다.
병원에서 밝혀진 병명은 '다발성신경경화증'이었다. 벨기에로 돌아가
치료를 받고 다시 한국으로 돌아온 그는 이제 휠체어를 탄
장애인 신부가 되어 있었다. 장애인 사목 신부가 되어 이제는
장애인들을 위한 삶을 살고자 했다. 장애인이 서로 공감을 나누고,
함께 보듬어 주면서 재활을 하여 사회로 나아갈 수 있도록
가족 공동체인 무지개 가족을 만들었다. 장애를 가졌지만
재활과 의지를 통해 사회에서 사람들과 더불어 살도록 하는 공동체였다.

  1966년 12월 산양협동조합을 시작으로 1967년 12월 임실 치즈공장이 정식으로 생기며 임실치즈협동조합이 탄생했고, 1977년 임실치즈협동조합으로 점차 조직을 갖추면서 1970년대 임실 치즈는 국내 치즈 생산량의 70%를 담당하는 등 성장하였다. 산양 3마리와 지정환 신부, 그리고 12명의 신념 있는 젊은이들이 시작한 것이 어느덧 임실을 대표하는 산업으로 발전하고 있었던 것이었다.

  그만큼 지정환 신부도 바빠졌다. 지정환 신부는 임실본당의 주임 신부의 역할 뿐만 아니라 임실치즈협동조합에서 모든 것을 손수 다 하는 이사 역할, 자신이 부안에서부터 시작하고 임실치즈협동조합의 근간이 된 신용협동조합의 담당자, 군사 정권에 반대하는 시위자까지 그는 1인 4역을 소화해 내고 있었다. 그 어느 것 하나 소중하지 않은 것이 없었다. 그는 모든 것에 자신의 전부를 바치며 노력했다.

1975년 이후 지 신부는 거의 모든 치즈산업을 협동조합에서 알아서 하라고 하며 그들에게 점차 권한을 이양하고 그들이 독립할 수 있도록 하였다. 그리고 자신은 신용조합에서 강의를 하거나 신용협동조합에 매진했다. 하지만 그들에게 알아서 하라고 했다고 하여 그가 모든 것을 그만 둔 것은 아니었다. 이미 임실은 그의 고향과 마찬가지였다. 그가 도와야 할 일이 생기면 언제든지 달려갔고, 걱정이 되어 모든 것을 털고 나올 수가 없었다.

거의 20년간 수많은 노력과 땀을 흘린 대가로 그는 임실을 가난한 지역에서 자신들만의 산업을 할 수 있는 곳으로 성장시켰다.

## 다발성신경경화증의 발병

1976년 어느 날 지정환 신부는 몸에서 이상 징후를 느꼈다. 거동이 불편하고, 몸에서 마비가 오는 듯한 증상을 느꼈다. 별거 아니겠지라고 생각하다가 전주의 큰 병원에 들려 검사를 받았다. 하지만 원인을 모르겠다며 서울의 큰 병원으로 가라고 했다.

지 신부는 다시 서울의 세브란스 병원을 찾았다. 드디어 밝혀진 병명은 '다발성신경경화증(Multiple Sclerosis)'이었다.

다발성신경경화증은 중추신경계의 가장 일반적인 질병으로, 중추신경계의 신경 섬유를 둘러싸고 보호 작용을 하는 피막인 미엘린이 손상되어 나타나는 증상이다. 즉, 미엘린이 신경섬유를 제대로 보호해 주지 못하게 되면서, 뇌와 척수에 다발적으로 염증이 침범하게 되는 것이다. 이렇게 미엘린이 손상되면 뇌와 신체 다른 부분들 간의 메시지 전달에 어려움을 겪게 되는데, 그 증상은 시야가 흐려지거나 사지가 허약해지고 찌르는 듯한 통증을 느끼는 등 매우 다양하게 나타난다. 이는 주로 젊은 연령층에서 자주 발생하는데, 미국을 비롯한 서양인들에게서 흔히 발견되는 질병이다.

지정환 신부는 충격이었다. 그러던 중 병원의 한 목사가 지 신부를 찾아왔다.

"지정환 신부님! 이 모든 것을 하느님의 뜻이라 여기고 받아들이십시오."

지정환 신부는 의아했다.

"하느님의 뜻이라뇨? 그러면 하느님이 병을 만드는 균입니까?"

성직자로서 이해할 수 없었다. 병을 극복하려고 최선을 다하는 것이 하느님의 뜻이건만 …….

지정환 신부는 당장 치료를 하기 위해 여러 곳을 알아봤다. 하지만 그 당시만 해도 의학 기술이 그다지 발전하지 않은 상황에서 그의 병을 치료해 줄 곳은 찾지 못했다.

"신부님! 한국에서는 아무래도 안되겠습니다. 유럽에서 진찰을 받는 편이 좋을 것 같습니다."

그리고 1976년 12월 12일, 지정환 신부는 보다 확실한 진단을 위해 모국인 벨기에로 떠났다. 돌아가는 비행기 안에서 다시 한 번 기도했다.

"하느님! 다시 한국 땅을 밟게 해 주소서!"

벨기에로 돌아가 진찰을 받았지만 역시 진단은 다발성신경경화증이었다.

그는 한국에서 자신이 한 모든 것을 정리해야만 했다. 유럽에 가서 치료를 받더라도 혹시 잘못되면 다시 한국땅을 밟지 못할 최악의 상황이 있었기에 모든 것을 정리하려 한국으로 다시 돌아왔다.

벨기에로 가서 치료를 받기로 결정한 지 신부는 먼저 전주교구를 찾아갔다. 1969년 12월 임실성당의 주임 신부직에서 사임한 후, 1973년까지 농촌사목 지도신부로 근무하고, 그 이후 신용협동조합 지도신부로 일해 왔던 임실에서의 모든 사역을 정리하기 위해서였다.

그리고 임실치즈협동조합의 모든 권한과 일을 끝내고 모

> 어느 날 지정환 신부는 몸에서 이상 징후를 느꼈다. 병명은 '다발성신경경화증'이었다. 치료를 위해 벨기에로 떠나기로 한 지 신부는 한국의 모든 것을 정리하기 시작했다. 단 한 번도 임실에서의 모든 활동을 자신의 이익을 위해 한 적이 없었다. 그가 원한 것은 치즈공장의 성공이 아니라 임실 주민들의 새로운 삶이었다.

든 것을 농민들에게 넘겼다. 함께 시작한 것도 고생한 것도 농민들이었기 때문에 그리고 자신이 그러한 일을 한 것도 모두 농민들을 위해서 한 것이기 때문에 모든 것을 농민들에게 넘겼다.

지 신부와 함께 했던 모든 사람들이 신부님을 걱정했다. 특히 유럽에서 치즈 노하우를 배우고 왔을 때 홀로 남아 있었던 신태근에겐 너무나도 충격이었고, 가슴이 저려왔다.

"저는 지금도 신부님을 보고 있자면 가슴이 찡해 자주 찾아뵙지를 못합니다."

그에게 있어 지정환 신부는 그저 성당의 주임 신부가 아니라 동료이며 스승이자 든든한 맏형과 같은 존재였다. 오랜 시간을 함께한 그였기에 더더욱 슬퍼졌다.

하지만 불의를 참지 못하는 신부에게 1979년 끝자락의 겨울, 자신의 아픈 몸을 돌볼 마음조차 아깝다고 생각이 들 정도로 가슴 아픈 일이 발생했다. 1979년 12월 12일에 발생한 군사쿠데타가 바로 그것이었다.

12·12 군사쿠데타는 박정희 대통령의 암살 이후 사태 수습을 하면서 발생한 군 내부의 하극상에서 비롯한 것이다. 1979년 10월 26일 발생한 박정희 대통령 사망 이후의 상황을 수습하기 위해 당시 전두환 보완사령관이 합동수사본부장을 맡아 수사를 담당하고, 정승화 육군참모총장이 계엄사령관으로 임명되었다. 하지만 박정희 대통령의 신임을 받고 있던 군인들을 견제하기 위해 정승화 참모총장이 '인사조치안'을 작성하려 하자 전두환은 중앙정보부장 김재규의 뒤에 정승화가 있었다는 혐의를 씌우며 12·12 쿠데타를 일으켰다.

이러한 군사 쿠데타 뒤에는 전두환을 비롯하여 허화평, 허삼수, 이학봉, 장세동 등으로 구성된 '하나회'가 있었다. 이들은 육군참모총장의 체포안에 대하여 최규하 대통령의 승인없이 병력을 투입하여 정승화 총장을 체포하려 하였고, 일련의 과정에서 무력으로 체포를 하며 정권을 장악하였다.

그리고 쿠데타로 획득한 정권을 공고히 하기 위해 억압을 가하자 전국적으로 민주주의 운동이 확산되었다. 특히 1980년 5월 17일 비상계엄을 전국으로 확대하면서 이에 반대하던 많은 학생들과 시민들, 민주 인사들이 체포되고 투옥되었다. 특히 신군부 세력은 반대세력이었던 김대중을 지목하며 구속하자 전라남도 광주 시민들이 군사독재 타도를 외치며 시민운동이 확산되었다. 이에 신군부세력은 시민들에 탱크로 무장한 계엄군을 앞세워 무자비한 살생을 자행했다.

지정환 신부가 이 소식을 듣게 된 것은 시위대에 의한 진압이 끝난 이후였다. 하지만 지정환 신부는 그 스스로 제대로 걷기도 힘들었지만 가만히 앉아 있을 수만도 없었다. 이 소식을 듣고 그는 바로 임실에 들어와 있던 롯데유업에 전화를 걸었다.

"나 지정환 신부입니다. 어려운 부탁입니다만, 나에게 우유를 좀 줄 수 있겠습니까?"

롯데유업 담당자는 뜬금없는 지정환 신부의 부탁에 의아해 하며 이유를 물었다.

"신부님! 갑작스레 우유는 왜 필요하신지요?"

지정환 신부는 다급한 소리로 재촉했다.

"이야기 들으셨습니까? 광주에서의 엄청난 일들을요. 몸과 마음을 다친 그들에게 지금에 와서 제가 해 줄 수 있는 건 없습니다. 그렇지만, 그들에게 우유라도 나눠주고 싶습니다. 기업 입장에서는 어려울 수도 있겠죠. 하지만 꼭 좀 부탁드립니다."

신부의 간곡한 부탁에 롯데유업은 우유를 제공해 줄 것을 확답하였다.

지 신부는 롯데유업에서 제공받은 우유를 트럭에 실었다.

"광주에 다녀와야겠습니다."

그리고 그는 광주의 한 병원으로 향했다. 광주의 모습은 처참하여 말이 나오지 않을 정도였다. 그리고 그는 광주의 한 병원에 도착했다. 우선 지 신부는 자신의 신분을 밝히고 우유 통을 내려놓으려 하자 그 순간 사람들이 지 신부의 앞을 막아섰다.

"신부님! 우리는 그 우유없어도 굶어죽지 않아요. 당장 이거 들고 가십시오."

아무런 죄없는 일반인이 군인의 총칼에 죽었다. 그리고 그게 내 남편, 부인, 자식이었다. 그러한 극한의 공포에서 겨우 살아남은 그들이었다. 모든 외부인이 두려웠을 것이고, 주변을 생각할 만큼 여유도 없었을 것이었다.

그들의 돌아가라는 울부짖음을 지 신부가 모를 일은 아니었다. 그저 가슴만 아파왔다. 거절하는 그들을 간신히 설득하여 6리터 우유 2통만 내려놓고, 다시 임실로 돌아왔다.

남은 우유를 싣고 돌아오는 그 트럭 안에서 하염없이 눈물만 흘렸다. 그가 할 수 있는 것은 기도 외에는 없었다. 그저 그들을 위해 끝없이 기도하였다.

"하느님! 저들의 몸과 마음의 상처는 너무나도 깊습니다.

부디 저들의 몸과 마음의 상처가 더 곪지 않도록 그리고 낫도록 해 주소서. 부디."

지정환 신부는 분명 외국인이다. 하지만 그에게 한국은 이제 고향이자 자신의 모든 가족들이 함께 사는 곳이다. 가족이 고통받으면 내가 아프듯이 그는 한국인의 누군가가 고통받고 있으면 자신도 아프고 고통스러웠다.

하지만 치료를 받기 위해 벨기에로 돌아가야 했다. 더 이상 병과 싸워 이겨낼 수 없었다. 정말 20년 이상 한국에서 쉼 없이 달려왔던 삶이었다. 힘들었지만 부안의 주민들의 미소, 임실에서 젊은이들과의 치즈 성공 등을 돌이켜 보면 힘든 것만도 아니었다. 다시 꼭 한국 땅을 밟고 싶었다.

"내가 지금 가지만 내가 있을 곳은 이 곳 한국이니 꼭 한국으로 돌아오겠다."

마음속에 수 천번 되뇌이며 벨기에행 비행기에 올랐다. 그것이 1981년이었다.

> 그는 벨기에인 외국인 신부이다. 하지만 지 신부에게 한국은 이제 고향이자 자신의 가족이 있는 곳이다. 가족이 고통받으면 내가 아프듯이 그는 한국인의 누군가가 고통받고 있으면 자신도 아프고 고통스러웠다.

벨기에에 도착하자마자 지 신부는 병원으로 가 검사를 받았다. 몇 시간에 걸쳐 진행된 검사가 끝나고 회복실로 들어온 그를 맞이한 것은 가족들이었다.

"디디에! 좀 어떠니?"

"디디에 삼촌! 많이 아파요?"

오랜만에 느껴보는 가족의 품이었다.

가족들의 보살핌과 사랑 속에 그는 점차 회복을 하고 있었다. 약 3년간의 회복 기간을 가지고 그는 다시 한국으로 돌아오려고 준비를 하였다. 오른쪽 다리가 마비되어 휠체어에 의지하여 장애인의 몸이 되었지만 포기하지 않고 재활훈련을 받았다. 상태가 좋은 때는 지팡이에 의지하고 혼자 걸을 수 있을 정도까지 되었다.

병이 왜 생겼는지 탓할 게 아니라 극복하려고 최선을 다한 후 결과가 변하지 않으면 주어진 상황에서 최선의 모습으로 살아가는 게 맞다고 여겼다. 그는 자신이 돌아갈 곳은 다시 한국이라고 생각했다. 자신이 20년간 젊음을 바쳐 선교사업을 한 전주교구에 뼈를 묻겠다는 것이 그의 생각이었다.

그리하여 1983년 10월 13일 3년간의 요양을 마치고 다시 한국으로 돌아왔다. 한국 땅을 밟는 순간 그는 왠지 모를 기쁨과 반가움을 온 몸으로 느끼고 있었다.

## 치즈 신부, 장애인 사목 지도신부로 거듭나다

다시 돌아온 지정환 신부는 다시 전주교구를 찾았다. 병의 증세가 좋아졌다고는 하지만 완쾌된 것이 아니었고, 언제 또 다시 악화될지 모르는 상황에서 주임 신부를 하기에는 어려움이 있었다.

"신부님! 장애인사목을 해 보시는 것은 어떨지요."

지정환 신부 그가 이제 장애를 갖고 있기 때문에 장애인의 마음을 누구보다 잘 이해할 수 있을 거란 생각이 들었다. 그리고 흔쾌히 "예"라고 대답했다. 1984년 2월, 그는 전주교구의 장애인사목 지도신부가 되었다.

장애인 사목신부가 되고 첫 번째 거주지는 이리(익산)의 성모 병원이었다. 전주교구청에는 장애인과 비장애인이 정기적으로 만나는 '하나회'라는 모임이 있었다. 이 모임은 시각·청각·지체장애인들의 친목과 재활 및 자활을 위해 정기적으로 만나 활동하였다.

하지만 어느 조직이든 가면 그 조직 안에 무리가 생기는 법이다. '하나회'라는 이름 자체와도 맞지 않게, 그리고 모임 결성 취지와 다르게 이 조직 내에서도 장애인과 비장애인, 장애의 등급에 따라 다시 무리가 지어져 있었다. 이를 처음

스스로가 장애를 가졌지만 평생을 장애인을 위해 함께 해 온 지정환 신부

자력으로 거동을 시작한 어느 중증장애인을
바라보며 기뻐하는 지정환 신부

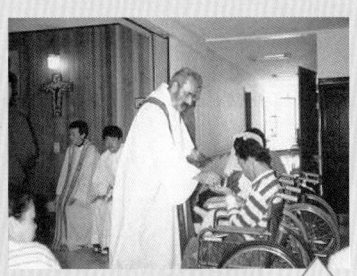

무지개 가족을 위해
미사를 보는 지정환 신부

장애인 복지사목에 힘쓰는 지정환 신부

마비 증세로 보행이
불편해진 지정환 신부

본 순간 지정환 신부는 경악을 금치 못했다.

"이들은 도대체 '하나회'를 왜 만들었고, 이름도 왜 하나회로 지었을까? 이들이 이 모임을 만든 이유를 알고나 있는 것인가? 장애의 경중 여부, 장애와 비장애의 여부를 떠나 모두가 함께 하고자 만들어진 것이 아니었던가?"

이 조직 안에서 특권 의식이 발생하는 것을 이해하기 어려웠다. 그리고 장애를 가진 사람들이 가족들에게 외면받고 사회에서 외면 받는 현실이 안타까웠다. 그는 장애인들이 세상에 다시 한번 나갈 수 있도록 자신이 그들 눈높이에서 도와주고 싶었다.

특히 이러한 생각을 하게 된 계기는 나환자 마을에서 보냈던 경험이 컸다. 지정환 신부는 3년간의 요양 생활을 하는 동안 프랑스에 있는 한 나환자 마을에서 많은 시간을 보냈다. 15명의 나환자들이 각각 한 명의 의사·간호사와 함께 살고 있는 마을이었다. 비록 세상에서 외면받는 이들이었지만 그곳에서의 사람들에겐 희망이 있었다. 그건 바로 가족이라는 울타리였.

"병에 시달리고 고통 받는 사람들에게 무엇보다 필요한 것은 가족이로구나."

그는 성모병원에서 있는 수많은 중증 장애인들의 삶을 지켜봤다. 중증 장애인이라고 가족에게는 고통이자 짐이 되는 현실이 장애인들에게는 더욱 고통이었다. 따라서 그는 장애인에게는 편히 쉴 공간과 그들만이 공유하고 함께할 수 있는 가족 공동체가 필요하고 그곳에서 스스로 삶에 대한 변화를 가져야 한다고 생각했다.

그러던 중 병원에서 퇴원하게 된 하나회 회원 중 한명이자 서울에 집이 있는 여성 장애인이 있었다. 그녀가 다녀야 하는 병원은 전주에 있어서 몸이 불편한 사람이 서울의 집과 전주의 병원을 왔다갔다 해야만 했다.

또 1984년 1월 말 초겨울 추운 날씨에 부산에서 올라와 성모병원에서 척추 수술을 한 아이가 있었는데, 집이 가난하여 퇴원을 하고 갈 곳이 없었다. 거동조차 불편하여 부산으로 내려갈 수 있는 상황이 아니었고, 나이 많은 노모 역시 건강이 좋지 않았다.

지 신부는 이들에게 쉴 곳을 마련해 주고 싶었다. 우연의 일치였을까, 아니면 하느님께서 도와주었을까. 1984년 7월 전주에 있는 작은 아파트 하나가 지 신부에게 주어졌다. 전주교구 사회복지회의 지원으로 전주시 인후동에 방 세 개짜리 28평 아파트를 전세로 얻게 된 것이다. 이 장애인을 위한 아파트는 장애인들이 모여 사는 곳이 아니라 형편이 어려운 장애인들이나 대 수술을 받고 회복할 곳이 없는 사람들이 자립할 수 있을 때까지 머무르는 곳이었다.

> 장애인과 비장애인의 차이는 없다. 다만 몸이 조금 불편할 뿐이다. 하지만 장애인들은 가족과 사회로부터 외면받고 있다. 그는 그런 현실이 안타까웠다. 자신이 이제 장애인이 되었지만, 장애인들이 세상에 다시 한번 나갈 수 있도록 자신이 그들 눈높이에서 도와주고 싶었다.

이곳에서 첫 번째 가족이 함께 생활하게 되었다. 처음에는 여성 지체장애인들로만 꾸려졌다. 공간이 좁고 봉사자가 충분하지 않아 남녀 장애인을 구분하여 함께 생활하는 것이 어려웠다. 따라서 4명의 장애인, 지정환 신부, 그리고 박남숙(루시아)라는 여성 봉사자가 이 아파트에서 함께 생활하기 시작했다.

박남숙(루시아)는 절실한 가톨릭 신자로 지정환 신부가 장애인들을 위해 일하고 있다는 소식을 듣고 주저하지 않고 이 아파트로 들어와 장애인들의 시중을 들었다. 더욱이 박남숙은 가톨릭센터 근무 당시 여학생 기숙사에서 사감으로 일한 경력을 가지고 있었으니, 지 신부의 새로운 사목에 든든한 동지가 되어 주었다.

이 공간에 살고 있는 대부분이 중증 장애인들이었기 때문에 일상적인 생활을 돕는 것 뿐만 아니라 대소변까지 받아 내야 했다. 하지만 박남숙은 싫은 내색 한번 하지 않고 그들의 가족이 되어 주었다.

물론 처음부터 모든 일이 순조로웠던 것은 아니었다. 박남숙은 장애인이 아니었고, 정식으로 장애인을 돌보는 데 필요한 교육을 받아 본 경험도 없었다. 그녀는 언제나 최선을 다했지만, 얼마간의 불협화음은 처음부터 예상된 일이기도 했다. 특히 용변 문제처럼 예민한 부분에 있어서는 완전히 장애인들의 관점에서 이해하게 되기까지 제법 시간이 걸렸다.

그러나 누군가는 해야 할 일이었고, 박남숙은 그 누군가가 다름 아닌 자신이라고 믿었다. 그녀는 포기하지 않았고, 결국 그녀가 장애인과 관련된 교육을 받지 않은 비장애인이라는 사실이 더 이상 문제가 되지 않는 순간이 찾아왔다. 가엾은 장애인들을 위해 일하는 봉사자가 되는 대신 몸이 불편한 가족과 함께 살아가는 진짜 '가족'이 된 것이다.

전주교구에서 매달 30만 원을 지원했다. 생활비 20만 원과 박남숙의 월급인 10만 원이었다. 중증 장애인을 모두 돌보는 것을 감안할 때 박남숙에게 지급되는 10만원은 넉넉하지 않았지만, 결코 10만 원을 제외한 그 외의 것을 요구하거나 받지도 않았다.

"후원자들이 가져다주는 쌀이며 연탄이며 부족함이 없는

데요, 뭘."

"아니, 박 선생! 이 다음에 아무도 안 가져오면 어쩌려고요?"

지정환 신부는 걱정을 했지만, 그들의 공동체 운영을 끝내기 전까지 기본생활이 가능한 물질적인 것은 늘 채워졌다.

쌀이 떨어지면 누군가 쌀가마니를 놓고 가고, 연탄이 떨어질 때면 누군가 겨울을 날 수 있는 연탄을 보내주었다. 이들 옆에는 조용히 이들을 후원하는 이름없는 천사들이 늘 함께했다. 그리고 물질적인 지원 외에도 헌신적인 봉사자들도 늘 끊이질 않았다. 지정환 신부와 박남숙이 입을 모아 칭찬하는 김영자(마르타) 역시 당시의 헌신적인 봉사자들 가운데 한 사람이었다.

지정환 신부와 박남숙의 이 공동체에 대한 소문은 퍼졌고, 이곳에서 함께 하기를 원하는 사람들이 점점 늘어났다. 공동체에 들어온 이들 중 회복이 빨라 그곳을 빨리 떠난 사람도 있었지만, 어떤 이는 들어올 때보다 더욱 건강이 악화되어 오랫동안 자립을 하지 못하게 되었다. 계속적으로 밀려오는 사람들을 다 받아들이기에는 28평짜리 전세 아파트는 너무 작았다.

그때 마침 전주의 성모병원 자리에 천주교 사회복지회의 사무실이 들어섰다. 휠체어를 타는 장애인들의 출입을 위해 경사로가 설치되어 있었고, 장애인용 화장실과 물리치료실

> 튼튼한 지붕 아래에 장애인들을 살게 하고 싶었던 그는 새로운 보금자리가 마련되자 '무지개가족'이라고 이름을 지었다. 비온 뒤 청명한 하늘에 기다리면 나타나는 일곱 색깔 무지개처럼 장애인들이 세상으로 더 밝게 뻗어나가길 희망했다.

까지 갖춘 당시로서는 보기 드물게 장애인들을 배려하여 만들어진 시설이었다.

지 신부는 전주교구를 찾아갔다.

"지붕 없는 사람들이 너무 많습니다. 사람들이 함께 할 수 있는 지붕을 저희에게 주십시오."

한 사람이라도 더 많이 튼튼한 지붕 아래에서 살게 하고 싶었던 그의 바람은 어렵지 않게 받아들여졌다. 1985년 3월, 공동체는 더 넓은 보금지리에서 더 많은 장애인들을 가족으로 받아들일 수 있게 되었다.

임실에서 만든 치즈에 새로운 이름을 부여했듯이 새로운 보금자리로 온 지 신부는 이 공동체의 이름을 짓기로 했다. 지정환 신부와 박남숙이 거의 동시에 나온 이름이 바로 '무지개가족'이었다. 비온 뒤 화창하게 갠 날씨에 일곱 빛깔 무지개가 화려하게 나타나 사람들에게 기쁨을 주듯이 장애인들이 비록 지금은 힘들지만 모두 함께 하여 세상으로 더 밝게 뻗어 나가라는 의미가 담겨져 있었던 것이다.

## 장애인들의 영원한 아버지

'무지개가족'이라는 공동체의 이름이 생기고 소문이 나자 무지개가족 마을에는 장애인들로 넘쳐났다. 무지개가족은 자기가 장애인이라는 이유만으로 세상을 피해 오는 곳이 아니었다. 비록 장애를 가졌지만 그 장애를 극복하고 세상으로 나아가기 위해 사회에서 떳떳한 하나의 구성원으로 독립할 수 있도록 장애인들을 돕는 곳이었다.

특히 무지개가족 장애인들은 대부분 전신마비 중증장애인이었다. 장애를 가진 이들은 가족에게 버림받고 사회에서도 버림받은 사람들이 많았다. 이들의 경우 그들 스스로 마음의 문을 닫고, 희망을 잃은 사람들이 많았기 때문에 이들을 사회의 일원으로 다시 되돌려 보내기는 쉽지 않았다. 그래서 지정환 신부는 중증장애인에게는 더 엄격하게 재활 훈련을 시켰다. 혼자 휠체어를 타지 못하는 사람은 재활을 통해 스스로 휠체어에 앉을 수 있도록 하고, 숟가락조차 못 드는 사람은 혼자 숟가락을 들고 밥을 먹게 하는 것이 사회로 나아갈 수 있는 첫 걸음이라 여겼다.

이들에게 재활운동은 너무나도 힘들었다. 눈물도 나고, 나에게 왜 이럴까 섭섭해 하기도 하고, 피도 나고 멍도 들었다.

"신부님! 스스로 몸조차 움직이지도 못하는 이들입니다. 어찌 이 불쌍한 사람들이 운동 한번 안한다고, 누군가에게 잠시 의지한다고 왜 이리도 혼을 내십니까! 신부님, 이들이 불쌍하지도 않으십니까?"

비난하는 사람들도 있었지만, 비난은 지 신부에게 중요하지 않았다. 손가락을 움직일 힘이라도 숟가락을 들 힘이라도 생긴다면 기적은 더 크게 올 것이라 여겼다.

목뼈가 부러져 7년째 누워만 있는 남자가 있었다. 아내가 얼굴을 씻기고, 밥을 떠먹이고, 대소변을 받아냈다.

지 신부가 물었다.

"왜 스스로 식사하지 않습니까?"

남자가 대답했다.

"힘이 없습니다."

지 신부는 그의 손을 잡았다.

"어디 나랑 팔씨름 한 번 하십시다."

힘이 없다던 남자의 손에 힘이 들어갔다. 그 자신도 몰랐던 잠재의식 속의 힘이 남아 있었던 것이었다. 장애인이라는 이유만으로 스스로 노력조차 하지 않았던 것이다.

지 신부에게 장애인들은 불쌍한 사람들이 아니라 단지 해결해야 할 문제를 가진 사람들이었다. 그리고 그 문제를 해결하기 위한 가장 중요한 과제는 재활 운동이었다.

"회복 가능한 기능은 되살리고, 불가능한 부분은 정신력으로 받아들이도록 한다."

불가능하더라도 일단 시도해 보고 노력해 보고 그 때 결정하면 되는 것이었다.

스스로 할 수 있는 일은 돕지도 않았다.

휠체어를 타던 한 장애인은 처음 바닥에서 휠체어에 오르는 데 20분이 넘게 걸렸다. 올라가다 떨어지고, 다시 올라가다 또 떨어지고를 반복했다. 불쌍하여 당장이라도 달려가 일으켜 세워주고 도와주고 싶었지만 지 신부는 늘 참았다. 대신 마음 속 깊이 "그래 넌 할 수 있어! 일어나 힘내!"를 외쳐댔다. 20분이 지나 그는 스스로 휠체어에 앉을 수 있게 되었다.

식사 도중에라도 예외는 없었다.

목뼈를 다친 장애인이 식탁 한가운데 놓인 컵을 잡기 위해 땀을 뻘뻘 흘리며 안간힘을 쓰더라도, 그 컵을 아무도 집어주지 않았다. 밥을 먹다 중단하고 몇십분이 걸리더라도 그가 그 컵을 잡고 조금이라도 치켜들 때까지 모두가 기다렸고,

> 지 신부에게 장애인들은 불쌍한 사람들이 아니라 해결해야 할 문제를 가진 사람들이었다. 그리고 그 문제를 해결하기 위한 가장 중요한 과제는 재활 운동이었다. 특히 중증장애인에게는 재활은 고통스러운 일이겠지만 지 신부는 항상 "그래 넌 할 수 있어! 일어나 힘내!"라고 외치며 그들을 돕고 있다.

성공하면 모두 내 일처럼 기뻐했다. 사자가 새끼를 절벽에서 밀어뜨려 생존하는 법을 가르친다고 하지 않았던가? 그는 장애인들에게 생존하는 법을 가르치고 있었던 것이었다.

무지개가족에 모인 장애인들의 사연은 다양했다. 모두가 지정환 신부에게는 특별한 사람들이었고, 하느님의 어린양이겠지만, 지정환 신부의 사진첩을 열어보면 유난히 눈에 들어오는 사람들이 있다.

20대 초반까지 기계체조 선수로 활동하다 선수에서 은퇴하고 일반 직장인 생활을 하던 여성이 있었다. 그러던 어느 날 어느 단체에서 체조 선수 코치 제안을 하였는데 이미 현직에서 물러난지 오래되어 한참을 고민한 후 코치를 승낙하고 선수들을 가르쳤다.

선수들을 가르치려면 말로써 모든 것을 지시하는 것이 아니다. 직접 시범도 보이며 선수들의 행동을 교정해야만 한다. 그녀 역시 틈틈이 다시 연습을 하며 선수들을 가르쳤다. 그러던 그녀가 선수들에게 시범을 보이던 중 평행봉에서 떨어져 목과 척추를 다쳤다.

응급실로 실려 간 그녀는 더 이상 걸을 수도 손을 자유롭게 쓰지도 못한다는 판정을 받았다. 수 년 전 체조 선수 한명이 연습을 하다 떨어져 사망한 사건이 있었는데, 그만큼 위험이 큰 운동 중의 하나가 체조인 것이다.

너무나도 건강하고 아름다웠던 20대의 여성은 갑작스레 팔과 다리를 자유롭게 쓰지 못하는 상황이 되었다. 그녀는 좌절하며 수차례 자살을 시도하기도 했다. 어느날 장애인 신분으로 무지개가족을 찾은 그녀는 지정환 신부와 박남순 원장을 통해 목숨이 소중하다는 것과 장애인이건 비장애인이건 불필요한 사람이 없다는 것을 배워나갔다.

이들의 도움으로 점차 세상에 눈을 뜨고 원망이 씻겨나가면서 그녀는 자신처럼 운동을 하다 장애를 가졌거나 잘못된 사람들을 역조사 하여 그들이 어떻게 살고 있는지 등을 분석하는 공부를 하게 되었다. 그러나 지금은 지정환 신부가 현격히 몸이 좋지 않아 이 여성을 데리고 사례 조사를 다닐 수가 없어 현재 그녀는 잠시 공부를 중단하고 무지개장학재단에서 활동하고 있다.

지정환 신부의 사진첩을 보고 있으면 눈에 띄는 한명이 더 있다. 참으로 고운 모습으로 있는 여성이 있다. 그녀는 자신을 따라 다니던 남자에 의해 장애를 얻었다. 젊은 시절 너무나도 예뻤던 그녀는 그녀가 사랑하던 사람과 결혼을 준비하였다. 하지만 그녀를 쫓아다니던 남성은 그녀가 결혼을 한다는 소식을 듣자 결혼을 앞둔 그녀를 찾아가 낫으로 그녀의 몸을 찍어 버렸다. 끔찍한 사고였다. 척추와 모든 신경이 손상된 그녀는 생사의 갈림길에서 수술을 받고 무지개가족 품으로 들어왔다. 이렇게 무지개가족과 지정환 신부와 인연을 맺은 그녀는 처음에는 모든 것을 잃은 듯 했다. 평생 장애인으로 살아야 했고, 여자로서의 삶을 포기해야만 했기 때문에 세상과 등지고 살게 되었다. 하지만 지 신부와 무지개가족 사람들의 따뜻한 보살핌으로 점차 회복을 하였고, 자립을 할 능력도 점차 얻었다. 더욱이 그녀에게는 여전히 그녀 옆에서 묵묵히 사랑을 전하는 이가 있었기에 더욱 강하게 세상에 나오려고 했디. 사랑은 그 모든 것은 감싸주는 것이라고 했던가?

그녀는 무지개가족에서 회복을 하고 원래 결혼을 하기로 했던 남자와 지정환 신부 앞에서 부부의 서약을 하며 하나가 되었다.

지정환 신부와 함께 미소를 짓고 있는 사진속의 부부. 세상에는 아름다운 사람이 많다는 사실을 다시 한 번 느낄 수 있게 한다.

한 번은 교통사고로 전신이 마비된 20대 중반의 한 주부가 무지개가족에 들어왔다. 손가락 하나 까딱할 수 없는 상태였다. 그런데 12년 후 그녀는 누구의 도움도 받지 않고 스스로 침대에서 휠체어에 오를 수 있게 되었고, 지금은 사랑스러운 세 아이들의 어머니로서 살아가고 있다.

사연도 다양하고, 가슴아픈 일들이 갑작스레 당친 이들에게 장애는 절망이었다. 하지만 지정환 신부는 무지개가족의 일원이 되는 장애인들에게 가장 먼저 희망을 말했다.

"당신은 할 수 있습니다. 내가 아프다고 남들에게 도움을 먼저 요청하지 마세요. 내가 할 수 있는 것을 노력해 보는 것입니다. 자기 손으로 코라도 만질 수 있으면 그것도 다행이라 여기고 또 노력합니다. 그럼 코에서 입으로 그 후로 뒤에서 머리까지 내가 무한한 힘을 가졌다는 것을 반드시 깨닫게 될 것입니다."

그는 매번 장애인 한 명 한 명에게 아직 남아 있는 '할 수 있는 일'을 찾아냈고, 그것이 그들을 절망 가운데서 다시 일으켜 주는 첫 번째 희망이 되곤 했다.

장애인들에게 과도한 희망도 주지 않았다. 시작의 첫발을 내디딜 수 있을 만큼의 희망이면 충분했다. 그리고 그 희망을 장애인들 스스로 키워 갈 수 있도록 돕는 것, 바로 그것이 무지개가족의 존재 이유였다.

지정환 신부는 무지개가족에게 재활운동 외에 다른 강요를 하지 않았다. 종교 차별도 없었다. 기독교 신자든 불교 신자든 모두가 여기서 함께 생활할 수 있었다. 하지만 자기 스스로도 장애를 가진 지 신부가 자신들을 위해 하루종일 헌신하고 있다는 생각에 천주교에 입교하겠다는 사람들이 나타났다.

종교로 그들을 강요하고 싶지 않았다.

"여기서 나가면 그때 하십시오."

그러나 엄격함과 자율만으로 진정한 가족이 될 수는 없었다. 지 신부는 장애인들을 진심으로 사랑했다.

신학교 시절 쌓아 두었던 기본적인 의학 지식을 바탕으로 손수 그들의 욕창을 치료해 주었고, 경리 업무를 맡고 있던 하반신 마비 장애인을 위해서는 추운 날 감기라도 들까봐 그 자신도 불편한 몸이면서도 대신 은행에 가는 수고를 마다하지 않았다. 잠들기 전에 물을 조금 과하다 싶게 마셔 두는 것도 그가 잊지 않고 지키는 철칙이었다. 소변을 보기 위해서라도 새벽에 깨어나야 할 테니, 그 덕분에 행여 잠 못 이루고 아파하는 장애인들을 한 번이라도 더 살피고자 했던 것이다.

 무조건 몰아치거나 그냥 내버려 두는 것이 아니라, 사랑하면서 독려하는 한편으로 스스로의 선택을 존중했다. 사랑은 주는 사람보다 받는 사람이 아는 법이다. 장애인들은 그의 진심을 알았고, 그 마음에 보답하기 위해서라도 재활에 대한 자신의 의지를 더욱 다잡곤 했다.

 무지개가족이 천주교 사회복지회로 옮겨 가면서 전주교구의 장애인사목 지도신부로서 지정환 신부의 활동은 더욱 체계적이고 적극적으로 펼쳐졌다. 후원자들과의 교류나 자원봉사자들에 대한 교육이 활성화되었고, 무지개가족이 아닌 다른 장애인들과의 만남 역시 본격적으로 이루어졌다.

 또한 지 신부는 비장애인들과의 소통에 있어서도 한 걸음 더 나아갔다. 그는 전주를 중심으로 교통 혼잡이 빈번한 지역의 교통량을 조사하고, 교통사고를 일으킬 수 있는 위험 요소들을 정리하여 관련 행정 부서에 시정을 촉구하는 공문을 발송하였다.

 "누구든, 언제든 장애인이 될 수 있다."

 모든 비장애인들이 잠재적 장애인들이라는 사실을 인정한다면, 이미 장애인이 된 사람들에 대한 사회적 배려만큼이나 장애인의 발생을 사전에 방지하기 위한 정책적 노력이 중요한 것이다.

> "누구든, 언제든 장애인이 될 수 있다." 모든 비장애인들이 잠재적 장애인들이라는 사실을 인정한다면, 이미 장애인이 된 사람들에 대한 사회적 배려만큼이나 장애인의 발생을 사전에 방지하기 위한 정책적 노력이 중요한 것이다.

1988년, 천주교 사회복지회 건물이 전주교구의 결정에 따라 팔리게 되면서 1989년 11월, 전주교구 및 벨기에 전교협조회의 도움으로 구입한 전라북도 완주군 소양면 해월리의 대지 4,000평 위에 무지개가족의 세 번째 보금자리가 세워졌다. 지하 1층 35평, 지상 2층 240평의 '제1무지개가족의 집'에는 2인용 방 12개와 지도 신부와 봉사자의 숙소, 의료실과 간호실 등의 시설이 갖추어졌다.

집이 커진만큼 전국 각지에서 장애인들이 몰려와 가족이 되었고, 1991년 10월에는 제1무지개가족의 집 옆에 건평 305평 규모의 '제2무지개가족의 집'이 지어졌다.

당시 박남숙은 제1무지개가족의 집의 원장을 맡고 있었으므로 제2무지개가족의 집을 돌보는 책임은 새로운 봉사자인 최미자(미카엘라)에게 맡겨졌다. 박남숙이 묵묵히 모든 것을 감싸 안아 주는 자애로운 어머니의 역할을 담당했다면, 최미자는 장애인들이나 자원 봉사자들을 따끔히 가르치는 맏언니의 역할을 감당했다. 나란히 세워진 두 개의 건물만큼이나 어느 쪽으로도 치우침이 없는 균형이었다.

당시 제2무지개가족의 집 축성식과 함께 치러진 지 신부의 회갑연에는 벨기에에 있는 그의 가족들도 모두 초청되었다. 30년이 훌쩍 넘는 세월 동안 오직 한국과 한국인들을 위해 수고했던 그를 위해 전주교구와 지인들이 마련한 깜짝 선물이었다.

무지개가족과 함께 하는 동안 지정환 신부는 자신이 다발성신경경화증으로 고통 받고 있는 장애인임을 감사하며 살았다.

"내가 장애인이기 때문에 장애인들의 고통과 기쁨에 진심으로 동참할 수 있습니다."

지 신부는 스스로 장애를 갖고 있었기 때문에 누구보다 진심으로 장애인들을 이해할 수 있었고, 그들의 어려움을 앞서 알았다.

그는 무지개가족 내의 모든 시설에 무엇보다 휠체어를 타는 지체장애인들의 편의를 최우선적으로 고려했다. 모든 문에 턱을 없앤 것은 물론이고, 침대에 누워서도 충분한 햇살을 받을 수 있도록 창문을 낮추어 달았다. 텔레비전 등의 가전제품은 휠체어를 탄 상태에서의 눈높이에 맞추어 배치하였고, 화장실은 침대에 최대한 가깝게 두어 용변에 따르는 어려움을 최소화하고자 했다. 그리고 그 모든 것은 지 신부 자신이 장애인이었기에 더욱 철저하고 정확하게 이루어질 수 있었다.

하루는 중년 여성 몇 명이 무지개가족을 찾아와 후원금이 든 봉투 하나를 내밀었다. 그러더니 아무 말 없이 앉아서는 지 신부를 바라보고만 있었다. "고맙지요?"라고 묻는 얼굴들이었다.

"왜 가만히 계십니까? 제게 고맙다고들 하셔야지요."

한참이나 같이 입을 다물고 앉아 있던 끝에 지 신부가 꺼냈다는 말이다.

그에게 장애인들을 돕는 것은 그들이 아니라 바로 자신을 위한 일이었다. 함께 살아가는 세상에서 누군가 고통 받고 있다면, 내가 할 수 있는 만큼 도와주는 것이 당연했다. 그러니 감사를 원할 일이 아니었다. 오히려 남을 위해 베풀 수 있는 누언가가 내게 있다는 사실을 스스로 감사해야 마땅했다.

그러나 지 신부는 장애인들이 원치 않는 도움은 절대 함부로 주지 않았다.

"장애인들의 휠체어는 당신의 몸과 같습니다."

신학교에 다니던 시절 자원봉사를 위해 방문한 장애인 캠프에서 맨 처음 들었던 주의 사항이었다. 만져도 되겠느냐는 허락 없이 장애인들의 휠체어에 손을 대는 것은 비장애인들의 몸을 함부로 만지는 행위와 같다는 뜻이었다.

가끔 단체로 무지개가족을 찾아와 돈 봉투를 건네고는 장애인들의 생활을 직접 보고 싶다는 사람들도 적지 않았다.

"가족들의 일그러진 모습을 구경거리로 제공할 수는 없습니다."

정말 장애인들을 생각한다면, 물질적인 도움을 주기에 앞서 그들의 마음을 헤아려야 했다. 그들은 '장애인'이기 이전에 '사람'이었다. 물질적인 도움을 주었다고 해서 그들의 사생활을 함부로 침해할 수 있는 권리는 누구에게도 없었다.

"장애인을 대할 때 먼저 다 같은 사람과 사람의 만남이라는 사실을 기억해 주십시오. 그들이 지팡이를 짚었거나 휠체어에 앉아 있더라도 낮은 위치에 있는 사람으로 대하지 말고, 다른 사람과 똑같이 대해 주십시오."

진정한 도움은 상대가 필요할 때 상대가 필요한 방식으로 주어야 하는 것이다. 원하지 않을 때 원하지 않는 방식으로 주는 것은 자기만족을 위한 동정에 지나지 않는다. 지정환 신부는 자신부터 그 원칙을 지켰고, 무지개가족에서 봉사하는 비장애인들이나 후원자들에게도 반드시 이를 지키도록 했다.

어느 날 한 남자가 무지개가족의 일원이 되었다. 그는 사지가 마비되어 그야말로 하루 24시간을 내내 침대에 누워만 있는 형편이었다. 그러나 지 신부는 그가 앉을 수 있다고 믿었다. 그래서 그를 독려했고, 그는 결국 스스로 앉게 되었다. 다시 지 신부는 그가 설 수 있다고 믿었다. 다시 그를 독려했고, 그는 결국 스스로 서게 되었다. 물론 그 과정에서 그는 땀을 흘렸고, 눈물도 흘렸고, 때로는 피도 흘렸다.

"아니, 신부님! 제가 무슨 특공 대원인 줄 아십니까?"

불평과 원망을 쏟아내며 다시는 아무것도 하지 않겠다고 드러누워 버린 적도 한두 번이 아니었다. 하지만 그로부터 3년 후 그는 어느 누구의 도움도 없이 오직 스스로의 힘으로 자신의 방에서 부엌까지 걸어 나오는 데 성공했다. 부엌에서 그를 기다리고 있던 가족들 모두가 기립하여 박수를 쳤고, 지 신부는 그에게 세상에서 가장 달콤한 술 한 잔을 건넸다.

길고 오랜 폭우 뒤에 비로소 오색찬란한 무지개가 뜬 것이다. 다른 누구의 힘이 아니었다. 스스로의 힘이었다.

# 10

지정환 신부의 빈자리, 임실치즈의 독립

임실치즈, 혹독한 독립기
독립한 임실치즈의 성장기
지정환임실치즈피자의 탄생
나는 성직자일 뿐 ……

# 지정환 신부의 빈자리, 임실치즈의 독립

임실 주민들을 만나 20여 년 동안 끊임없이 최선을 다했다.
그들과 함께 치즈를 만들고 치즈공장도 세웠고 치즈를 판매하고
교육을 시켰다. 월급 없는 사장으로, 사장 자리를 넘겨주고 나서는
월급 없이 모든 일을 혼자 하는 전무 등으로 그는 어떠한 보상도
받지 않고 일을 해왔다. 그는 그저 성직자일 뿐이다.
어떠한 대가가 있다면 모두 지역 주민들에게 돌아가야 한다고 믿었다.

1980년 지정환 신부가 모든 것을 농민에게 이양하고 치료를 받기 위해 떠나자 임실 농민들은 약간의 동요를 하기 시작했다. 1967년 임실치즈협동조합이 생기면서 조직화 되고, 조합원 10명도 안되었던 공장은 250명의 농민들이 함께 하는 하나의 공동체가 되었다. 제1대 조합장이 신태근이 되면서 지정환 신부와 함께 1970년대 임실치즈는 호황기를 누려왔다. 초기의 실험 단계에 머물러 실패를 거듭하던 치즈에서 매일 치즈를 생산하고, 대기업과의 경쟁에서도 밀리지 않을 정도로 성장했다.

하지만 임실치즈의 중심축이었던 지정환 신부가 떠나자 모두들 새로운 환경에 적응해야 했다. 게다가 신태근 마저 조합장을 그만 두며 평 조합원이 되었고, 조금씩 조직이 흔들리기 시작했다. 특히 우루과이라운드 협상으로 치즈가 개방이 되면서 1킬로그램에 5,000원 가격으로 들어오게 되자 가격 면에서 경쟁력이 떨어졌다. 대기업처럼 체계화 되고 자금이 풍부한 것도 아니었고, 임실치즈협동조합은 그저 임실 농민들의 꿈이었고, 공동체였던 것이었다. 그들이 기존의 방식대로 한다면 더 이상 승산이 없다는 것을 조금씩 느끼기 시작했다.

그렇다고 이대로 방치할 수 없었다. 그들은 떠난 사람들을 대신하여 새로운 모습으로 임실치즈를 활성화시킬 방법을 모색했다.

## 임실치즈, 혹독한 독립기

1981년 신용협동조합의 인가를 받았다. 사실 임실치즈협동조합이 처음 시작된 것은 1967년이었다. 하지만 신용협동조합의 정관이나 방법들을 임의로 사용하여 연계시켰기 때문에 임실치즈협동조합에 대한 인허가를 받지 못했다. 그래서 우선 신용협동조합의 인가를 받아야만 했다. 약 10년 만에 정식적으로 인가를 받았다. 인가를 받은 후 더욱 생산성을 향상시키고, 새로운 제품을 만들어내고, 제품의 시장을 개척해야만 했다. 이제는 몇 명을 위한 임실치즈가 아니었다. 임실 전체를 위한 임실치즈였다.

새로운 제품에 대한 연구가 한창일 때 다시 한 번 도전한 것이 카망베르치즈였다. 카망베르치즈는 맛이 부드럽고 유연하여 유럽인들이 즐겨먹는 치즈 중의 하나였다. 임실치즈협동조합은 카망베르 치즈 생산에 박차를 가하였다. 하지만 지금이야 카망베르 치즈를 좋아하는 사람이 많아지고, 케이크나 샌드위치 재료로 많이 사용되고 와인과 함께 자주 먹는 치즈로 부상했지만, 그 당시만 해도 카망베르치즈를 즐겨먹는 이가 적었다. 실패였다.

그 당시 임실치즈의 핵심 상품은 모차렐라치즈였다. 요즘은 모차렐라치즈로 피자뿐만 아니라 샐러드, 와인 안주, 간식, 다양하게 요리에 활용하고 있다. 하지만 그 당시만 해도 모차렐라치즈의 수요의 대부분은 피자였고 피자 역시 일반 대중들에게 그리 익숙한 음식이 아니었다. 그러다 보니 모차렐라치즈의 판매량 역시 한계가 있었다.

게다가 대기업에서도 유제품들을 만들어 출시하기 시작했다. 질도 임실치즈와 비교하여 나쁘지 않았다. 수요는 한정적인데, 공급은 계속 커지고 있었다.

그리고 다시 현금 유통이 되지 않았다. 치즈를 만들기 위해 조합원들에게 사들인 우유 대금이 계속 미뤄졌고, 조합원들의 불만 역시 커졌다.

대기업은 이러한 조합원들의 불만을 놓치지 않았다. 치즈산업에 관심을 있었던 대기업 유가공 업체들은 조합원들에게 돈이라는 유혹의 손길을 보냈다. 임실치즈협동조합에서 대금이 늦어지자, 조합원들은 생활이 쪼들렸고, 우유 대금의 몇 달치를 선불로 주겠다는 대기업의 달콤한 유혹은 그들이 쉽게 빠져들게 하였다. 그러면서 자연스레 조합원들이 이탈하기 시작했다.

야심차게 준비했던 카망베르치즈의 실패, 조합원들의 이탈로 인해 점점 어려워져만 갔다. 어려움은 한꺼번에 온다고 했던가? 임실치즈에 드디어 위기에 몰려들기 시작했다.

1980년대에는 두 가지 큰 행사가 있었다. 1986년의 아시안게임과 1988년에 열리게 될 서울올림픽이 그것이다. 모든 행사를 개최하면 동전의 양면과 같이 즐거운 면도 있지만 암

> 지정환 신부가 모든 것을 내려놓고 주민들에게 이양한 후 임실치즈는 스스로 모든 것을 극복해야 했다. 하지만 모든 것이 달콤한 것만 있지는 않았다. 임실치즈에는 20년 동안 함께한 지정환 신부도 이제 없었다. 그들 스스로 독립하여 변화하는 세상에 편승하지 않으면 20여 년 동안 이어온 국산 치즈의 명성이 위협받는 상황에 닥친 것이다.

울한 면도 있는 법이다. 정부는 세계 각국의 귀빈들을 모시기 위해 우선적으로 노점상 단속을 시작했다. 그동안 멀쩡히 장사를 하던 거리의 노점상들이 당장 갈 데 없는 신세가 되었다.

이는 점차 확대되어 100평 미만인 제조실을 가지고 있는 식품가공업체의 영업을 취소하겠다는 정부의 방침이 있었다. 당시 임실치즈공장은 20여 평에 불과했다. 최소 다섯 배를 증축하지 않으면 임실치즈공장의 영업은 취소될 것이 뻔했다. 조합원들에게 우유 대금조차 지불하지 못 할 만큼 자금력이 부족한 상황이었다.

공장을 100평으로 증축하려면 최소 12억 정도는 있어야 했다. 하지만 조합이 확보할 수 있는 최대 금액은 4억 원 정도였다. 남은 돈을 마련하기 위해 십시일반 돈을 모으는 수밖에 없었다. 그들은 '특별 출자'를 감행했다. 이는 농협법과 신용협동조합법 어디에도 없었던 것으로 조합원들 스스로의 힘으로 만든 조합이니 각자의 주머니에서 출자를 한 것이다.

그리고 치즈 판매를 직거래가 아닌 대리점을 통한 판매로 전환했다. 그동안 해 왔던 직거래 방식을 포기한다는 사실이 내키지 않았지만, 이것저것 다 따져보고 가리기에는 당장 하루가 급했다.

1986년 12월 겨우 100평 조금 넘은 새로운 공장이 지어졌다. 그러나 공장 크기의 문제는 해결되었지만 다른 문제들이 터지게 되었다. 우유 대금조차 제때 결제되지 못하는 상황에서 출자금이 제대로 보존될 리 없었다. 조합원들의 불만은 다시 폭발하기 시작했고, 때마침 대규모 유가공 업체들에서는 우유 대금의 선지불은 물론이고 보조금까지 주겠다는 달콤한 제안까지 했다. 출자금의 보존을 염려한 조합원들이 다시 하나 둘씩 떠나가기 시작했다. 많이 내놓은 사람일수록 많이 불안했을 것이다. 대규모로 소를 키우는 조합원들의 이탈이 하루가 멀다 하고 잇달았다.

뿐만이 아니었다. 문제는 새로 만든 대리점들에서도 터져 나왔다. 당장 한 푼이 아쉬운 치즈공장의 사정을 대리점 주들 역시 잘 알고 있었다. 그들은 어음을 내놓기 시작했고, 대부분의 어음들이 기한을 넘기기 일쑤였다. 하루라도 빨리 현금을 만들어야 하는 조합으로서는 언제까지고 기다릴 수는 없는 노릇이었다. 때마다 어음 할인이 이어졌다.

더불어 치즈는 한국에만 존재하는 음식이 아니라 유럽이 본고장인 음식이다. 1994년 우루과이라운드(Uruguay Round) 협상의 타결로 치즈 시장이 개방되면서 값싼 외국산 치즈가 수입되기 시작했다.

우루과이라운드는 1986년 9월 우루과이에서 개최된 관세 및 무역에 관한 일반협정(GATT) 각료회의에서 개시된 8번째 다자간 무역협상이다. GATT는 상품과 자본의 흐름에 대한 장벽을 감소시키고 자유무역 질서를 확립하여 경제발전을 촉진시키기 위해 제안된 국제통상기구(ITO)가 무산되고 대신 설립된 무역체제이다. 8차 협상인 우루과이라운드는 7년에 걸친 협상 끝에 1993년 타결됐다. 우루과이라운드 결과, 종이 클립에서 컴퓨터 칩에 이르기까지 모든 품목들을 다룬 역사상 가장 포괄적인 합의문이 만들어졌다. 협상 당사국이 128개국에 달했고, 우루과이라운드는 보험 등의 서비스산업, 저작권, 특허, 상표권 등의 지적재산권을 국제무역 레짐의 적용품목에 새로이 포함시켰으며 농산물과 섬유 또한 처음으로 무역자유화의 대상 품목에 포함시켰다.

우루과이라운드로 인해 치즈를 포함한 거의 모든 유제품 시장이 개방됨으로써 이전 40만에 달했던 낙농 가구가 거의 8,000여 가구로 줄어들 정도로 타격을 안겼다. 그러니 값싼 외국산 치즈가 임실치즈에 가져다주었을 충격은 엄청났다. 게다가 국내 대기업 유가공 업체들이 치즈 시장에 뛰어들기 시작했다. 새로이 치즈 시장에 뛰어든 대기업 유가공 업체들은 임실치즈 기술자들에게 접근하기 시작했고, 지정환 신부로부터 제일 먼저 기술을 전수 받아 명실 공히 대한민국 치즈 기술자 제1호인 황철수(가명)에게 수많은 기업들이 달콤한 제안을 하기 시작했다. 고액의 연봉, 집, 차 등을 제공하자 치즈 기술자 이전의 순진한 촌사람인 그는 여러 제안을 뿌리치지 못하고 업체가 있는 제주도로 떠났다. 그러나 약속과 달리 제주도에 도착한 그에게 주어진 것은 회사 기숙사로 쓰이는 임대 아파트와 회사 소유의 차가 전부였다. 그는 오래지 않아 제주도를 떠났고, 물론 임실에도 다시 돌아오지 않았다.

무엇을 하나 개발하였다고 하더라도 그 시대에 맞게 계속 진화하지 않으면 쉽게 사라진다. 특히 세계화가 진행되면서 세상은 내가 변할 때까지 기다려 주지 않고 빨리 변화한다. 임실치즈에는 20년 동안 함께한 지정환 신부도 이제 없다. 그들 스스로 독립하여 변화하는 세상에 편승하지 않으면 20여 년 동안 이어온 국산 치즈의 명성이 위협받게 되는 것이다.

## 독립한 임실치즈의 성장기

1970년대 박정희 정권이 들어서면서 산업화가 빠르게 진행되었고, 이후 급속도로 발전한 한국은 여러 가지 산업이 등장하며 생활수준이 향상되었다. 특히 1980년대 세계화로 인하여 한국에서는 소득의 증가와 생활수준의 향상에 따라 이전까지는 이름조차 모르던 새로운 물품들에 대한 수요가 늘어났고, 치즈 역시 그 중의 하나였다. 특히 1986년의 우루과이라운드 협상 타결 이후 수많은 외국산 치즈들이 국내 시장을 점유하기 시작했다. 거기다 수많은 대규모 유가공 업체들이 자체 브랜드를 개발하여 치즈를 판매하기 시작했다.

한국에서 처음으로 치즈를 정식으로 만들고 판매를 했던 임실은 수많은 대기업의 유제품들과 우유, 외국산 치즈들로 인하여 경쟁력을 잃어가고 있었다. 특히 치즈의 본고장인 유럽에서 치즈가 정식으로 통관이 되면서 사람들은 외국에서 수입된 치즈를 사거나 TV나 신문 광고 속의 대기업 생산품을 선호하기 시작했다.

임실치즈가 내세울 수 있던 것은 품질 뿐이었다. 하지만 본고장에서 온 유럽산 치즈뿐만 아니라 국내 대기업에서 만들어 낸 치즈의 맛이나 품질은 뒤떨어지지 않았다. 특히 지정환 신부가 손수 참여했던 1970년대 중반에서 1980년대 초까지 임실치즈는 전량 수제품으로 생산되어 타제품들에 비해 경쟁력과 강점이 있었다. 하지만 1980년대 후반부터 1990년대 들어서면서 임실치즈 역시 치즈 생산을 기계화로 바꾸었고, 대량 생산되는 대기업의 가격 경쟁력에서 월등히 차이가 나게 되었다. 임실치즈는 수제품도 아닌데, 가격만 비싼 제품이 되어 가는 것이었다. 그러면서 임실 지역과 거래를 하던 호텔이나 다른 곳에서 임실치즈의 양을 조금씩 줄

여나갔다. 임실치즈협동조합은 점점 어려움을 겪게 되었다.

게다가 임실치즈에서 치즈를 만들 우유를 구하지 못하는 상황이 벌어졌다. 계속된 조합원들의 이탈, 우유 대금의 결제 지연 등으로 내부에서 우유를 구하지 못하는 상황이 온 것이다. 우유를 구하기 위해 남은 조합원들은 전라남도에서부터 충청도까지 우유를 찾아 헤매야 했다.

외국산 치즈의 유입, 대기업의 치즈 시장 투입보다 우선적인 것이 안정적인 우유 수급이었다. 안정적인 우유 수급을 위해서는 축협에 가입하는 것이 급선무였다.

임실치즈는 신용협동조합에 소속되어 있었고, 우유는 축산업협동조합에서 관리되고 있었다. 따라서 1991년 12월 임실낙농축산업협동조합을 설립하였다. 하지만 실질적으로 우유를 공급받기 위해서는 축협중앙회에 가입해야 했다.

임실낙농축산업협동조합을 만들었다고 하여 바로 축협중앙회의 회원으로 가입되는 것도 아니었다. 임실치즈에서는 우유 공급이 시급했지만, 사정한다고 바로 되는 것도 아니었다. 이미 은퇴한 노인들과 조합원들이 힘을 합쳐 서울의 축협중앙회를 찾아가 계속 사정하였다. 그러한 노력이 계속되고 3년 후인 1994년 7월에 임실낙농축산업협동조합은 축협중앙회의 회원이 될 수 있었다.

하지만 축협중앙회의 가입으로 모든 것이 정상화 되진 않앉다. 축협중앙회의 여러 지원이 동원되었지만 조합의 경영난은 쉬이 해결되지 않았다. 그러던 차에 임실치즈는 법정관리 조치가 내려졌고, 축협중앙회 소속의 관리자가 파견되는 상황까지 벌어졌다.

설상가상 1997년 한국을 강타한 IMF는 임실치즈협동조합을 비껴가지 않았다. 이미 경쟁력이 많이 없어진 임실치즈의 판매액은 점차 줄어들고 IMF로 손실을 입게 되었다. 지정환 신부가 임실에 처음 온 이후 산양을 키우고, 온갖 노력 끝에 탄생한 대한민국 최초 국내산 치즈 1호 임실치즈. 20여 년간의 시간들이 주마등처럼 스치는 순간이었다. 조합의 경영난은 이전보다 더 심해져 빚은 점점 불어났다.

그렇다고 포기할 수도 없었다.

"우리가 어떻게 이루어 낸 것인데요. 이렇게 포기할 수 없습니다. 지 신부님과 우리가 함께 일궈낸 역사입니다. 지 신부님이었다면 어떻게 했을까요? 절대 포기하지 않았을 겁니다. 지금의 이 난국을 파헤쳐 갈 방법이 있을 겁니다."

조합원들의 마음은 모두 같을 것이다. 하지만 이미 잃은 것도 많았다. 기술자들도 많이 빠져나갔고, 자금의 압박으로 조합원을 포기한 이들도 이미 많았다.

임실치즈는 다시 초심으로 돌아갈 필요가 있었다.

"우리는 무(無)에서 유(有)를 창출해 내지 않았습니까? 우

# 한국인의 입맛을 살린 건강한 피자

## Only, 지정환 ImsilCheese Pizza

지정환임실치즈피자에서 지정환피자로 변경

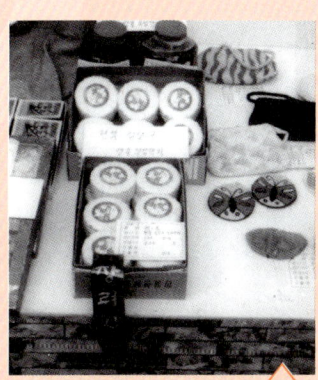

전시대회에서 장려상을 받은 임실치즈

지정환 신부와 지정환피자의 박철민사장

카망베르치즈 제조 과정

리의 이 자연 환경을 토대로 어떻게 산양을 키우고, 젖소를 키우고, 치즈를 만들 생각을 했겠습니까?"

"맞아 성가치즈에서 체더치즈, 모차렐라치즈까지 우리가 함께 하지 않았습니까? 우리가 치즈의 '치'자라도 알았었습니까? 다시 지금의 현실에 맞게 우리도 새롭게 해 봅시다."

지금의 난국을 헤쳐 나가기 위해 지정환 신부와 임실 청년들이 30년 전에 해 왔던 것처럼 다시 무에서 유를 이루어내려 노력하고자 했다. 대기업의 거대 자본과 대량 생산이 불가능 하다면 품질로 승부하는 것뿐이었다.

자유무역을 탓하는 것이 아니라 그리고 대기업을 탓할 게 아니라 그들 스스로 새로운 환경에 맞는 치즈를 개발하는 것이 우선이라는 것을 깨달았다. 그리고 그들은 여전히 천혜의 자연이 있다는 것을 상기했다.

> 임실치즈를 맡긴 이상 관여하지 않기로 하고, 지 신부는 철저하게 거리를 지키고자 했다. 임실치즈에 고난이 닥쳐올 때마다 지 신부는 그들과 똑같이 염려하고 아파했지만 손을 내밀기 보다는 뒤에서 지켜보고 그들을 위해 기도했다. 그리고 주민들은 이에 화답하듯 초심으로 돌아가 스스로 독립하려는 움직임을 보였다.

"그래 좋은 치즈는 좋은 우유에서 나오는 거야. 최고의 우유를 생산하여 최고의 치즈를 만들어 보자고!"

그들은 고품질의 우유를 생산하기 위해 노력했다. 하지만 그 기간에도 임실치즈에 대한 축협중앙회의 관리는 계속 되었다. 그리고 2000년 축협이 농협으로 통폐합되면서 임실치즈에 대한 관리도 농협중앙회로 넘어갔다.

그러던 어느 날 파견 관리자는 낙농진흥회로의 가입을 권유했다. 당시 정부는 '집유 일원화'를 통한 우유의 수급 조절을 도모하고 있었다. 전국 각지에 낙농업체들이 흩어져 있으니, 전라도에서는 당장 우유가 모자라는데 충청도에서는 남아돌아 버려지는 등 지역별로 우유의 수급에 심각한 불균형이 나타났다. 바로 이러한 문제를 해소하기 위해 조직된 것이 이른바 '낙농진흥회'였다.

낙농진흥회는 1999년 우유 및 유제품의 수급 조절과 가격 안정을 목적으로 설립된 단체로, 전국의 낙농가들로부터 원유를 모아 유가공 업체에 공급하고 원유 대금의 지급을 대행하는 '집유 일원화'를 주진해 오고 있었다. 즉, 우유의 생산과 판매 과정을 농림부가 총괄함으로써 전국적으로 나타나고 있는 우유 수급의 불균형을 해소하려는 것이었다.

치즈를 만들 우유가 부족한 상황에서 달콤한 제안이긴 했다. 하지만 덜컥 받아들일 수는 없었다. 만약 정부만 믿다가 우유 수급이 나빠지면 임실치즈는 정말 사라질 게 분명했기 때문이었다. 그들은 고민을 하다 낙농진흥회를 찾아가 조건부 가입을 요구했다.

한 달 동안 남는 우유를 제공받아 보고 그 결과에 따라 가입 여부를 결정하겠다는 것이었다. 요구가 받아들여지고, 우유가 공급되었다. 원활한 우유 공급으로 임실치즈공장은 이전과 같은 활기를 되찾았다. 다양한 식품들을 접목시켜 양파치즈, 햄치즈, 인삼치즈 등 특유의 제품을 생산해 냈다.

그리고 한 달 후 수익을 계산해 보니 엄청난 액수의 수익이 발생하였고, 2001년 조합원의 만장일치로 낙농진흥회에 가입하였다. 낙농진흥회 가입 후 우유 수급이 정상화될 뿐만 아니라 원유 품질 검사 과정도 정확해졌다. 조합 자체에서 행했던 품질 검사에서는 친분에 의해 항생제가 든 우유라도 봐주는 일이 빈번해서 곤혹스러운 적이 많았다. 그러나 낙농진흥회가 관리하면서 안전성 관리가 투명해져 질 좋은 우유의 공급이 가능해 졌다.

하지만 낙농진흥회의 성공은 일시적인 것이었다. 설립 당시 낙농조합 및 유가공 업체 등의 집유 주체가 50~60개소나 난립되어 있는 상태에서 강제 조항 없이 낙농진흥회라는 단일 조직에 참여시키기란 쉬운 일이 아니었던 것이다. 오래지 않아 여러 가지 문제들이 속출했고, 다시 만성적인 원유의 공급 과잉 상황이 벌어졌다.

이렇게 정부의 집유 일원화 정책은 결국 실패로 돌아갔지만, 낙농진흥회에 가입함으로써 임실치즈가 새로운 전기를 맞게 된 것만은 어쨌든 분명한 사실이었다.

## 지정환임실치즈피자의 탄생

1981년 한국을 떠났던 지정환 신부는 다시 돌아왔다. 이미 치료를 위해 벨기에로 돌아갈 때 임실치즈에서는 완전히 손을 뗐었고, 돌아와서는 장애인 복지사목에만 전념하고 있었다.

비록 지정환 신부가 1980년 이후 모든 일선에서 물러났다고 하지만, 그들을 지켜보는 지정환 신부 마음 역시 그들과 함께 고통 받고 있었다. 때론 그들이 하는 방식이 못마땅하기도 했고, 다시 달려가 직접 생산에 매진하고 싶었던 것이 한두 번이 아니었다.

하지만 이제 임실치즈협동조합은 농민들의 것이고, 그들이 스스로 자립하지 않으면 망하는 지름길이었기 때문에 멀리서나마 기도로써 그들을 지켜줄 뿐이었다. 자문을 구하고, 새로운 치즈를 만들 때마다 모든 사람들이 찾아왔다. 이런 사람들을 위해 지정환 신부는 언제나 문을 열어두었다. 언제나 찾아올 그들을 위해 말이다.

그러던 1998년, 당시 임실치즈농협의 조합장이 한 여성과 함께 지 신부를 찾아왔다. 이미 임실치즈를 농민들에게 넘겨주고 나온 지 20년이 지났으나 임실치즈가 지정환 신부와 뗄 수 없는 관계였기 때문에 임실치즈농협조합장들과 관계는 유지되고 있었다.

조합장과 함께 온 여성은 한 치즈 회사의 제조 이사로 일하고 있었던 김순희(가명)라는 사람이었다. 그는 피자 분야에 있어서는 이미 상당한 성공을 거둔 사람으로 업계에 알려져 있었다.

"신부님! 임실치즈공장이 지금 위기에 있습니다. 치즈가 팔리지 않고 남아돕니다. IMF 터지고 나서 이 상황은 더욱 심각해 졌습니다. 이러다간 그동안 신부님께서 공들여 쌓아오신 모든 것을 한순간에 다 잃어버리게 될 지도 모르겠습니다."

일흔을 앞둔 노신부는 가슴은 아팠지만 그들 스스로 자립하게 하기 위해서는 할 말이 없었다. 그리고 불편한 몸으로 더 이상 할 수 있는 일도 없었다.

조합장은 다시 말을 이어나갔다.

"신부님! 제가 며칠을 고민을 해 봤는데, 남은 치즈라도 처분하지 않으면 빚만 늘어나고 농가 부채는 어마어마해 져 모든 농민들이 고통을 받게 될 것입니다. 기존 저희와 거래했던 곳들도 점점 구매량이 줄어들고, 심지어 거래를 끊고 있어 새로운 곳을 도전하지 않으면 안 될 것 같습니다. 그래서 피자 치즈를 납품하려고 합니다."

피자치즈에 사용되는 모차렐라치즈는 벌써 치즈공장 시절부터 제품 생산에 성공하였고, 임실의 주된 상품의 하나로 자리 잡고 있었다.

조합장이 제시한 피자 치즈 판매는 김순희가 앞으로 만들게 될 새로운 피자 체인에 임실의 모차렐라치즈를 제공하겠다는 것이었다. 단, 임실치즈를 사용하기 때문에 임실치즈라는 호칭을 쓰고, 전량 임실치즈를 사용할 것이며, 임실치즈에 있어 지정환 신부가 핵심이기 때문에 '지정환'이라는 이름을 쓰고 싶다고 하였다.

하지만 이미 임실치즈에 대하여 모든 것을 정리한 데다 성직자인 지 신부의 이름을 상업적인 곳에 쓰겠다는 소리에 지정환 신부는 어이가 없었다.

지정환 신부는 단호히 거절했다.

"내 이름을 피자 가게 이름에 넣겠다고? 왜? 내가 무슨 털보 만두 사장이야? 내가 KFC 문 앞에 있는 할아버지야? 내 이름을 왜 상업적인 목적에 사용한다는 건가? 사용하게 할 수 없네."

단호히 거절하는 지정환 신부에게 이들은 계속 설득을 하였다.

"신부님! 저희 임실 주민들 살려주신다고 생각하시고, 제발 허락해 주십시오."

"아니 글쎄 안된다니까 ……. 난 성직자일세, 이 사람아! 절대 안되네."

약 20년간 치즈를 만들고 치즈공장을 설립하였지만 월급 없는 사장, 사장 자리를 넘겨주고 나서는 월급 없이 모든 일을 혼자 하는 전무 등 그는 어떠한 보상도 받지 않고, 일을 해왔건만, 이제 와서 자신의 얼굴을 상업적인 목적에 빌려달라니 그는 어처구니가 없었다.

지 신부는 단호히 거절했지만, 조합장의 설득은 계속되었다.

"신부님! 이대로 계속 가다가는 임실치즈는 정말 끝입니다. 신부님께서 피땀 흘려 만드신 임실치즈가 아닙니까. 저희 임실 주민들 한 번 더 살려 주신다 생각하시고, 제발 허락해 주십시오."

조합장의 거듭되는 설득이 더 이상 귀찮아졌고, 지 신부는 화가 났다.

"나는 더 이상 모르겠습니다. 알아서들 하십시오."

실랑이에 지쳐 한 말이었다. 아무런 계약서나 동의서 없이 구두로 인정을 해 버린 것이었다. 그의 알아서 하라는 말, 이 한마디 말이 분열의 시작이라는 것은 그는 몰랐다.

지정환 신부에게 구두 허락을 받았다고 간주한 조합장과 김순희는 '지정환임실치즈피자'라는 상호명으로 피자 체인을 시작하였다. 임실치즈협동조합은 임실치즈를 전량 제공하기로 하고, 김순희는 '지정환임실치즈피자'의 사장이 되며 사업자 신고를 하고, 명칭 사용권을 독점했다.

새로이 도약을 시도한 임실치즈협동조합은 지정환임실치즈피자의 설립으로 임실치즈의 판매 감소를 다시 증가시키는 계기를 가져왔다. 특히 김순희의 피자 운영에 대한 노하우와 만나면서 점차 입소문을 타기 시작했다.

피자는 보통 단가를 낮추기 위해 냉동 피자를 사용하는데, 지정환임실치즈피자는 임실치즈협동조합에서 막 생산해낸 신선한 냉장 피자도우에 막 생산한 신선한 임실치즈를 사용하기 때문에 그 맛에서 다른 피자 체인들과 비교하여 차별성이 있었다. 시정환임실치즈피자는 이러한 장점으로 홍보를 하기 시작했고, 소비자의 입맛을 사로잡았다.

임실군에서 시작한 지정환임실치즈피자는 점차 체인을 확대해 나가기 시작했다. 이는 임실치즈의 생산량과 소득의 증가로 이어졌다. 즉, 상호의존 관계를 맺으며 윈윈 전략을 채택한 것이 효과를 보았던 것이었다. 하지만 이러한 상호의존 관계는 오래가지 않았다.

처음 김순희와 피자 체인 사업을 시작했던 조합장의 임기가 끝나고 새로운 조합장이 취임하면서 지정환임실치즈피자와 임실치즈 사이에 갈등이 시작된 것이다.

새 조합장은 의문이 들었다.

"왜 김순희가 지정환임실치즈피자의 운영권과 모든 권한을 가지고 있는가?"

만약 임실치즈협동조합 자체에서 피자 체인을 만들었다면, 임실치즈의 공급뿐만 아니라 피자 판매로 인한 소득까지 발생하게 되는 것이기에 내부에서 반발이 생겼다. 그러면서 임실치즈협동조합과 김순희와의 갈등의 골이 깊어지고, 결국 조합과 지정환임실치즈피자와의 관계도 끝이났다. 그리고 김순희와 갈등을 가졌던 지정환임실치즈피자 체인점들도 지정환임실치즈피자를 포기하고 그 동안 배운 노하우로 임실치즈를 이용하여 자체적인 피자 체인을 만들기 시작했다. 왕관표임실치즈피자와 미사랑임실치즈피자가 그것에 포함된다. 게다가 지정환임실피자치즈의 지분 80% 정도를 가지고 있던 김순희는 내부 갈등에 의해 지분을 30% 이하로 남겨두고 다른 이에게 양도하며 사실상 지정환임실치즈피자의 대표 자리를 내주었다.

모두가 임실치즈라는 상호를 내걸고 있기에 여러 상황을

> 지정환임실치즈피자는 지정환 신부와 아무런 연관이 없었고 이름 사용으로 대가를 받은 적도 없었다. 실랑이에 지쳐 마음대로 하라는 것이 화근이었다. 아무런 계약서나 동의서 없이 구두로 인정을 해 버린 것이었다. 그의 알아서 하라는 말 이 한마디 말이 분열의 시작이라는 것은 그는 몰랐다.

알지못하는 소비자들에게는 혼동을 가져다 주었다.

"어떤 상품이 진짜 임실치즈피자인지 헷갈립니다. 업체마다 자기들이 원조라고 떠들어 대는데, 행정 기관에서는 이를 수수방관하고 있으니 결국 소비자들만 현혹되고 있는 셈이죠."

특히 임실치즈협동조합에서는 처음부터 자신들이 지정환임실치즈피자의 상호 권리를 가지지 않고, 치즈만 공급한 것에 대하여 불만을 가졌다. 그리고 조합 중심인 피자 체인을 만들기로 결정했고, 곧 '임실치즈피자'라는 브랜드로 피자 체인을 시작했다.

하지만 임실치즈와 뗄 수 없는 관계인 지정환 이라는 이름을 사용하고 싶었던 임실치즈협동조합 측은 지정환 신부를 찾아가 지정환이라는 이름 사용권을 달라고 지 신부를 설득하였다.

"신부님! 임실치즈는 신부님의 혼과 사랑이 깃들어진 곳입니다. 저희가 피자 체인을 만드는데 어떻게 신부님을 빼고 할 수 있겠습니까. 임실치즈 하면 지정환 신부님 아니십니까? 김순희에서 사용권한을 주었던 신부님 이름과 얼굴 사용권한을 저희에게도 주십시오."

하지만 이미 지정환임실치즈피자에서 신부의 이름을 사용하고 있어 동일한 상호명으로 등록하기 어려웠고, 지정환임실치즈피자 측에서 지정환 신부의 얼굴 사용권을 등록했기 때문에 임실치즈협동조합이 이 모든 것을 동일하게 사용하는 것은 불가능했다.

그리고 법적으로 정리가 되었기 때문에 지정환임실치즈피자 측으로부터 지정환이란 이름과 얼굴을 사용할 수가 없었다. 이름과 로고 사용에 관하여서는 많은 사례를 찾아볼 수 있다. 한 예로 서울 프라자 호텔에서 딤섬이라는 음식을 만드는 '미스터 차우'라는 음식점이 있었는데, 동일한 이름으로 다른 유명 레스토랑이 있었다. 하지만, 프라자 호텔 측에서 미스터 차우라는 이름을 자신들 외에 쓰지 못하게 하였고, 이에 승소하여 다른 미스터 차우는 상호를 변경한 사례가 있다. 또한 로고와 관련하여서 스타벅스가 자신들의 로고와 국내 한 커피 전문점의 로고가 유사하다고 고발한 적이 있다.

물론 이 경우 스타벅스가 패소하였지만, 로고와 이름 등록에 관하여서는 상당히 예민하다.

하지만 임실치즈협동조합의 요청은 줄어들지 않았다. 지정환 신부가 아무리 소용없다고 말을 했지만 그럴수록 임실 주민들과 치즈협동조합 측은 지정환 신부에 대한 오해를 하기 시작했다.

"신부가 돈에 눈이 멀어 지정환이라는 이름을 다른 곳으로 주었다."

"지정환이란 이름을 왜 임실농협에 주지 않고 다른 곳에 그냥 주느냐, 도대체 얼마나 받기에 우리에게 주지 않느냐."

이미 지정환 신부는 본당 신부에서 퇴임하고 임실을 떠나 해월리에 있었기에 이러한 내용들을 직접적으로 들을 수 없었지만, 지 신부 곁에서 그의 헌신을 지켜보았던 신태근은 이러한 말과 소문을 들을수록 가슴이 답답했다.

"사실이 아닌데……. 신부님은 아무것도 받지 않았는데……. 어떻게 이들이 신부님에 대하여 이렇게 이야기 할 수 있지?"

그는 아무리 설명하려 해도 이미 화가 난 조합원들과 농민들에게 말이 먹혀들지 않았다. 점차 그는 사람들에 대한 회의감과 지신부에 대한 안타까움만 커져갔다.

그럴수록 임실치즈협동조합은 지정환 신부를 찾아가 지정

환이라는 이름 사용권을 요구했다. 하지만 이미 불가능한 일이었다. 모든 것을 해결할 수 있는 사람은 지정환 신부뿐이었다.

## 나는 성직자일 뿐……

임실치즈피자와의 문제 때문에 지정환 신부는 매일매일 찾아오는 농협 조합장과 조합원들에게 시달렸다. '지정환임실치즈피자'를 처음에 만들겠다고 김순희와 이전 조합장이 찾아왔을 때도 자신은 반대했다가 너무나도 귀찮게 구는 사람들 때문에 모르겠다며 알아서 하라는 구두 형식의 말만 했을 뿐 수익금의 일부를 받거나 그 사람들로부터 어떤 로열티를 받지도 않았다. 계약서 자체도 없었다.

하지만 지정환임실치즈피자가 분리되고 여러 개의 임실치즈 피자가 생겨나면서 점차 지정환이라는 이름 사용권에 대한 문의가 빗발쳤고, 임실치즈협동조합 측에서는 어떻게 신부가 그럴 수 있냐며, 자신들을 배반했다고 말하며 자신들에게 지정환 이름을 넘기라고 강요하는 사태가 벌어졌다.

1980년 장애 판정을 받고 임실치즈의 모든 일선에서 물러나며 농민들에게 모든 것을 넘겼던 그였기에 이런 현실이 더욱 막막했다. 사실 이러한 상황에 자신의 의도와 전혀 다르게 놓인 것이 불쾌하기까지 했다. 하지만 임실치즈피자라는 명칭을 가진 체인이 여러 개 늘어나고, '지정환임실치즈피자'가 분리되는 것 자체에 대하여 지정환 신부는 나쁘게 생각하지 않았다.

오히려 임실치즈를 소개할 수 있는 하나의 계기가 될 것이며, 여러 사람들의 수입이 그만큼 늘어난다는 생각을 했다.

"생각해 봐요. 하나의 체인이 늘어나고, 임실치즈피자가 늘어나면 그만큼 다른 경제적 효과가 파생돼요. 피자가게에서 사용하는 앞치마가 몇 개라도 더 팔리고, 종이며, 피클이며, 피자 재료며, 오토바이가 더 많이 필요하여 팔리게 되고, 피자 가게에서는 한명이라도 아르바이트생이나 배달부를 고용하게 되죠. 이게 경제적 효과 아니겠어요?"

그는 분명 지정환임실치즈피자라는 것에 욕심이 없었다. 한명의 사람이라도 단 100원의 이익이 창출하면 그게 좋은 것이었다.

하지만 임실치즈협동조합과 지정환임실치즈피자와의 관계가 악화되었기에 모든 것을 정리할 필요가 생겼다. 그는 어느 날 지정환임실치즈피자의 새로운 대표를 불렀다. 그리고 자신의 변호사 역시 불러들였다.

"이전에 김순희와 임실치즈협동조합 조합장이 찾아와 내 이름을 사용하고, 내 얼굴을 사용할 때 처음에 난 반대를 했소. 하지만 그들의 요청에 무언의 허락을 하게 되었으나 아무런 계약을 하지도 않았고, 그들로 하여금 내가 받은 금액도 전혀 없소. 나는 돈을 바라는 게 아니오. 지금 벌어지고 있는 일련의 혼란들을 방지하고, 계약서를 쓰고, 타당한 금액을 매월 일정액씩 즉 수익금의 5%를 지불하시오. 하지만, 난 성직자이기 때문에 나에게 보낼 필요는 없소. 로열티는 장학금으로 보내시오."

지정한 신부는 이렇게 정식적으로 지정환이라는 이름을 쓰는 것에 대한 계약서를 체결하였다. 단 몇 가지 조건을 덧붙였다.

그는 2002년 호암재단이 주최하는 제12회 호암상에서 사회봉사상 수상자로 선정되었다. 지난 40년간 국적과 종교를

> 하지만 약 20년간 치즈를 만들고 치즈공장을 설립하였지만 월급 없는 사장, 사장 자리를 넘겨주고 나서는 월급 없이 모든 일을 혼자 하는 전무 등 그는 어떠한 보상도 받지 않고, 일을 해왔다. 그는 그저 성직자일 뿐이다. 어떠한 대가가 있다면 모두 지역 주민들에게 돌아가야 한다고 믿었다.

초월하여 가난한 농민들의 생활 개선과 장애인들의 재활을 위해 봉사한 공로가 인정된 것이다.

혼자 이루어 낸 일이 아님을 강조하며 한사코 영광의 중심에 서기를 사양하는 지 신부에게 1억 원의 상금이 주어졌다. 그는 오랫동안 염원해 왔던 장애인 장학재단을 만들 절호의 기회라고 생각했다.

" 1억 원이라는 금액을 받았는데, 그것을 받으면서 언론 인터뷰를 통해 장학 재단을 설립하겠다고 언급했다. 하지만 자세히 알아본 결과 장학 재단은 최하 5억 원의 금액이 있어야 설립이 가능하였기 때문에 1억 원만으로는 부족했다. 그래서 그는 지정환임실치즈피자에 지정환이란 이름을 사용하는 조건으로 가맹본부 매달 수익금의 5%와 신규매장 가맹시 매장당 200만원을 받기로 했다. 물론 그는 성직자이기 때문에 그가 받는 것이 아니고 모든 금액은 장학 재단을 만들기 위한 통장으로 입금되며 그가 죽을 때 이는 장애인 장학금으로 모두 사용하게 될 것이라고 밝혔다. 두 번째, 지정환 이라는 이름을 사용하되 신부라는 명칭은 사용해선 안된다는 조건이었다. 신부는 성스러운 것이기에 상업적인 것에 사용되어선 안된다는 것이 이유였다. 세 번째, 그의 사진이 나와서는 안된다는 것이었다. 이미 지정환임실치즈피자의 상징으로 등록된 초상은 이제 와서 되돌릴 수 없었지만, '지정환임실치즈피자'와 자신과 전혀 관계가 없었기 때문에 그의 사진을 사용해선 안된다고 했던 것이었다.

지정환 신부는 지정환임실치즈피자의 소유주도 아니고 실질적인 관여도 하고 있지 않다. 그러나 많은 사람들은 상호명으로 인해 지정환임실치즈피자가 지 신부가 만드는 피자라고 생각하고 있었다. 그런 마당에 혹시 광고에라도 그의 사진이 쓰이거나 하는 등의 상황이 발생하면, 기왕에 있는 오해에 더 큰 오해를 덧붙이는 결과가 될 터였다. 어쩔 수 없게 된 것이야 그냥 둔다고 하더라도, 새로운 오해를 만들 수 있는 가능성은 사전에 차단해야 했다.

이러한 몇 가지 조건들을 내세워 그는 지정환임실치즈피자에 정식으로 자신의 이름을 사용할 수 있는 권리를 주는 계약을 체결했다.

지정환 신부의 초상을 사용하고, '지정환'이라는 이름을 사용하는 지정환임실치즈피자에도 세월에 따른 변화가 생겨났다. 가장 먼저 지금의 박철민 대표가 지정환임실치즈피자를 맡고 나서부터 변화의 바람은 불기 시작했다. 이미 지정환임실치즈피자가 생기고 난 이후 임실치즈라는 이름을 가진 피자 브랜드들이 우후죽순 생겨났다. 이는 지역명으로 치즈와 피자가 고유명사로 상표권 보호가 되지 않았기 때문이었는데, 이러한 이유로 공정거래위원회에 정보공개서를 등록하고 가맹사업법에 의해 가맹사업을 하는 임실치즈피자 업체만 6개, 그 외에 임실치즈를 쓰는 브랜가 약 70여개 이르렀다. 이 규모만 보더라도 충분히 소비자에게 혼동을 줄 수 있는 상황이었다.

더욱이 임실치즈가 아닌 이미테이션치즈를 사용하고 원산지를 허위로 표시하여 단속에 걸린 업체가 임실치즈피자 상호를 버젓이 사용하고 있는 상황이 벌어졌다. 이러한 상황은 지정환 신부의 초상을 사용하는 지정환임실치즈피자도 같은 임실치즈피자로 오해하며 소비자들에게 부정적인 시각을 가져다주는 결과를 낳게 되었다.

또한 2010년 구제역 파동 이후 원유 생산의 급감으로 임실치즈뿐만 아니라 국내산 치즈 생산이 전면 중단되는 사태가 발생하였다.

이러한 여러 사건들을 거치면서 지정환임실치즈피자의 박철민 대표는 소비자들에게 지정환 신부의 이웃사랑 정신과 국내최초 지스를 만든 계기를 강조하며 소비자에게 다가가는 새로운 마케팅 방식의 필요성을 느꼈다. 그래서 지금까지의 임실치즈 중심의 마케팅 방식에서 벗어나 지정환 신부의 정신을 알리고 국내 최초 치즈를 개발한 계기와 내용을 마케팅의 중심에 활용하게 되었다. 이를 계기로 현재 공식명칭은 지정환임실치즈피자이지만 주로 '지정환피자'로 브랜드명을 사용하고 있다.

더불어 지정환 신부의 무지개 장학재단의 안정적 재원 확보를 위해 수익금의 5%가 아닌 월 250만원이라는 고정금액을 무지개 장학재단으로 보내고, 매월 80만원 정도의 현물을 성요셉동산양로원으로 보내며 사회적 분배도 함께 실천하고 있다.

이유와 과정이 어찌되었건, 이미 계약상으로 지정환이란 이름 사용권이 '지정환임실치즈피자'에 돌아갔기 때문에 임실치즈협동조합의 반발도 거세졌다. 하지만 반발을 계속하는 것보다 임실치즈협동조합 자체 피자 체인인 '임실치즈피자'를 운영하면서 다른 방법으로 광고나 홍보를 시작하면서 그 영역을 확대하는 것이 중요하다고 조합원들은 생각했다. 그러면서 점차 지정환 신부에 대한 원망도 줄어들었다.

지정환 신부는 지정환임실치즈피자에 그의 이름 사용을 허락하였지만, 그들의 사업과는 전혀 관계가 없다. 분명 다툼은 있지만 임실 주민들에게 반드시 이익이 있을 거라 믿었다. 그는 그저 성직자일 뿐이다.

# 11

내 얼굴은 외국인, 하지만 난 한국인

장학재단의 설립
나의 고향은 한국입니다

## 장학재단의 설립

2003년 무지개가족 지도 신부직에서 사직한 후 지정환 신부는 전북 완주군 소양면 해월리에 있는 '별 아래'라는 집에서 살고 있다.

지 신부는 2010년 백내장으로 잠시 쉬기 전까지 1800년대부터 1930년대까지 한국에서 활동했던 프랑스 선교사들이 남긴 기록을 정리하여 시디롬(CD-ROM)을 제작하는 작업을 했었다. 프랑스어가 모국어이고, 한자 실력에, 컴퓨터 기술까지 있어 그가 이 일에는 그 누구보다 적임자였다.

지 신부의 집 이름인 '별 아래' 역시 고문서를 정리하는 작업 중에 찾아낸 것으로, 지금은 북한에 있는 강원도 이천의 마을 이름 중 하나가 '별 아래'였다.

지 신부가 집에서 이러한 작업만 하고 있었던 것은 아니었다. 주기적으로 반복되는 나빌성신경경화증으로 걷지 못할 정도가 아니라면, 집 옆에 있는 천주교 노인복지시설에서 미사를 집전하며 신부로서의 역할을 다한다. 또한 임실치즈 및 무지개가족과 관련된 행사에 참석하고, 무지개장학재단 사업과 문서 전산화 작업을 위해 전주를 오가기도 했다. 그리고 학업을 하고 있는 장애인 가족이 논문 자료를 찾으러 가거나 사료 조사를 갈 때에도 손수 운전하며 기사노릇을 자청한다.

아픈 다리로 운전까지 하고 있으니 잘 모르는 사람은 노인이 이리 저리 활동하는 것을 보고 간혹 이렇게 묻곤 한다.

"할아버지! 어쩌면 그렇게 건강하세요?"

다리가 불편해도 자신이 살아있는 동안은 그 누군가를 위해 또 오늘도 쉼 없이 달려가고 있는 셈이다.

그러나 4년 전 백내장의 시작과 자기의 오래된 병의 악화로 이제는 운전도 스스로 하기 힘들고, 컴퓨터를 장시간 보는 일도 힘이 들게 되었다. 그래서 이제는 판독 타이핑 일을 잠시 쉬고 장학금 재단 일에만 관여하고 있다.

무지개가족 이후 지정환 신부가 가장 크게 활동하고, 관심을 둔 것은 장학금 재단이다. 사실 이 장학금 재단은 2002년 호암상을 수상하면서 계획된 것이었다. 장애인들과 함께 한 무지개가족을 운영하면서 많은 것을 느껴왔다.

장애인들 중에는 가난해서, 또 세상에 나오는 것을 꺼려해서 제대로 된 정규 교육을 받아 보지 못한 사람들이 적지 않았다. 배우고자 해도 장애인들에 맞는 교육시설이 많지도 않았다. 하지만 세상을 스스로 살아나가기 위해서는 배움은 반드시 필요했다. 그는 장애를 가졌다고 배움을 포기할 것이 아니라 오히려 배움의 기회가 절실한 이들에게 아무 걱정 없이 공부만 전념할 수 있는 환경을 제공해 주고 싶었다.

그는 호암상의 상금으로 받은 1억 원을 수상하면서 언론 인터뷰를 통해 장학금 재단을 설립하겠다고 언급하였다. 사실 그 당시 1억 원이면 큰돈이었다고 이야기한다.

하지만 당장 지 신부의 상금 1억 원은 장학금 재단의 설립 허가를 위한 금액의 20퍼센트에 불과했다. 재단법인을 설립하기 위해서는 최소 5억 원 이상의 기금이 필요했다. 그는 일단 은행에 1억 원의 상금을 넣어 두었다.

그리고 지정환임실치즈피자로부터 수익금의 5퍼센트를 받았고, 임실치즈공장에서도 매달 100만원씩 받았다. 이 모든 것을 차곡차곡 은행에 모아두었고, 사재를 비롯하여 모든 것을 다 털어보니 총 5억 원이 되어 장학재단의 허가를 받을 수 있게 되었다.

해마다 20~30명씩의 학생들에게 장학금을 지원한다. 장학금 수여 대상자는 전라북도 사람 중 자신이 장애인이거나 기족 중에 장애인이 있는 경우로 한하고 있다. 장학금은 대학교 1학년에서 4학년까지 학비를 지급해 주고 있으나 무지개 가족의 경우 고등학생에게도 지급하고 있다.

처음에는 장학생 대부분이 무지개가족이여서 대체로 천주교 신자였으나 지금은 장학생 중 천주교 신자는 절반 미만으로 종교를 떠나 장학금을 지급해 주고 있다. 지금의 장학금

자금은 초기 출자금을 은행에 넣어두면서 발생한 이자와 매달 임실치즈공장에서 들어오는 100만 원, 지정환임실치즈피자에서 매달 초상권으로 지급되는 250만 원을 포함한 금액으로 장학재단을 운영하고 있다.

처음 장학금 대상자를 선발하였을 때에는 기준을 정하고 문서로 확인하여 제공했다. 하지만 문서가 전부가 아니라는 것을 알았다.

한번은 가족 중의 아버지가 불의의 사고로 장애인의 된 가정의 자녀와 어머니가 장학금 신청이 가능한지 문의를 하였다.

"저희 남편이 장애인입니다. 혹시 우리 딸이 장학금을 받을 수 있을까요?"

지 신부는 당연하다는 듯이 이야기 했다.

"조건이 되는데 서류를 제출하시면 이상이 없는 한 장학금을 받으실 수 있으실 겁니다. 제출해 보시지요."

하지만 소녀의 어머니는 한참을 머뭇거렸다.

"저희 남편이 장애인이긴 합니다만, 얼마 전 교통사고로 사망해서 저희 집에는 장애인이 이제 없는 셈이지요. 하지만 저희는 먹고 살기조차 버겁습니다. 하지만 우리 아이에게 교육의 기회는 주고 싶습니다. 신부님 가능할까요?"

문서상으로 절차만 확인하면서 생기는 다른 문제점들을

미처 예상하지 못했다. 그는 이 학생에게도 장학금 재단을 통해 장학금을 지원했다.

그는 4년 전부터 문서 확인 외에 학생과 부모 면담을 실시했고, 장래희망에 대해서도 이야기 하는 등 더욱 더 많은 사람들에게 배움의 기회를 제공하려 하고 있다.

"사실 장애인 가족에게는 누구에게나 주고 싶답니다. 절차를 요구하기도 하지만 때론 면담에서 어려움을 듣고 장학금을 지급할 때도 있어요."

역시 지 신부다웠다. 장학금 재단 역시 자신을 위한 일이 아니었다. 장애인이라면 누구나 그 가족까지 배움의 기회를 제공하고, 그들이 사회에 나아가 편견 없이 활동하기를 바라는 마음에서 비롯된 것이다.

이러한 생각은 무지개가족이 없었다면 어려웠을 것이다. 그리고 그 스스로 장애인이 되면서 그들과 같은 마음으로 함께 했기에 가능했을지도 모른다.

장애인들의 첫 번째 바람은 단지 다시 일어서는 것이었다. 그리고 이제 그들의 두 번째 바람은 세상에 나아가는 것이다. 그 세상으로 나아가기 위해 그는 비록 많은 사람들에게 제공해 주지는 못하지만 최선을 다해 혜택을 제공하고자 바삐 움직인다.

"한국 참 많이 좋아졌지요? 내가 올 때 한국 정말 못살았어요. 그리고 세상도 참 시끄러웠고. 그런데 이제는 다들 노력해서 부도 축적하고, 더 편하게 살게 되었죠. 하지만 부를 많이 축적한 부자들이 자신이 취득한 것을 좀 더 다른 이들과 나누었다면 더 밑의 어려운 사람들까지도 좀 더 편히 잘 살았을 것 같아요."

그는 유럽형 복지제도를 살짝 돌려 이야기 했고, 복지에 대한 개념이 아직 부족한 한국의 현실에 대해 조금은 아쉬움을 피력했다.

"하지만 아직 세상에는 좋은 사람들이 많습니다. 그래서 늘 다행이라 여깁니다."

"내가 만약 아무것도 하지 않았고 그저 신부로서의 역할만 했다면 내 통장에는 지금 몇 억 원쯤 들어가 있겠지요. 하지만 신부에게 돈이 왜 필요하며, 내가 죽으면 그 돈을 내가 가져가나요? 아닙니다. 하지만 나눠주면 반드시 나에게 돌아

> "부를 많이 축적한 부자들이 자신이 취득한 것을 좀 더 다른 이들과 나누었다면 더 밑의 어려운 사람들까지도 좀 더 편히 잘 살았을 것 같아요. 나눠주면 반드시 나에게 돌아오는 법입니다. 먼 미래를 바라보고 함께 살 수 있는 세상을 만들기 위해 가진 자들은 베푸는 미덕이 꼭 필요합니다."

오는 법입니다. 내가 지금 가진 얼마만큼의 돈에 대한 미련보다는 더 먼 미래를 바라보고 함께 살 수 있는 세상을 만들기 위해 가진 자들은 베푸는 미덕이 꼭 필요합니다. 돈이 풍족한 여기보다는 돈은 없지만 훨씬 더 행복한 천국이 있으니 내가 지금 나의 모든 것을 놓는다고 하여도 늘 행복합니다."

## 나의 고향은 한국입니다

한국 나이로 84세, 한국에 온지 이제 55년이 되어 간다. 1년에 한 번씩 전화해도 누군지도 모르는 상대방을 향해 늘 그는 반갑게 전화를 받는다. 특유의 목소리로 "여보세요"를 우렁차게 이야기 하면서. 그의 전화 목소리를 듣고 있으면 마치 아픈 사람도 미소 짓게 만드는 마법이 있는 것 같다.

그에게 오랜만에 연락하여 물었다.

"신부님! 50년 이상의 시간을 보낸 한국은 신부님께 어띠한 곳인가요?"

그는 한 치의 망설임도 없이 답했다.

"나에게 한국은 고향이자 집입니다. 벨기에에 가면 나의 누나 두 분과 형님 두 분이 계십니다. 그들에게 가면 '디디에 왔니? 잘 지내니?'라고 하겠지요. 하지만 그게 다예요. 반면 여기에는 50여 년 동안 함께한 치즈공장 식구들, 신협식구들, 무지개가족 식구들, 장학재단 학생들까지 모든 가족이 있는 내 집입니다."

그에게 이젠 한국은 타국이 아니라 고향이자 집인 것이다. 너무나도 힘든 50년 이상의 한국 생활이다. 많은 일이 있었고, 많은 사람들을 만났으며, 많은 오해와 기쁘고 슬픈 일들을 함께 했다.

지정환 신부가 한국에서 한 것은 언제나 허가 없이 시작했다가 허가를 받는 일들이었다.

치즈공장도 허가 없이 시작했다가 나중에 허가를 받았고, 무지개가족도 허가 없이 시작했다가 허가를 받았으며, 장학금 재단도 마찬가지이다. 허가 없이 시작했다는 것은 처음에는 작게 시작했다가 나중에는 그 의미가 확대되고 커져서 하나의 운영체가 된다는 것을 의미한다.

무에서 유를 실천한 그런 50여 년이었다. 키 크고 코쟁이 신부 지정환. 그는 부안과 임실에 왔을 때에는 그저 낯선 외국인에 불과했다. 무엇을 함께 하더라도 그저 지 신부는 외국인일 뿐이었다. 하지만 모든 편견을 극복하고, 진심으로 다해 한국인들에게 다가서면서 사람들은 외국인이 아닌 그저 우리의 신부님으로 생각하고 있다.

"신부님! 한국에 오신 걸 후회하신 적은 없으세요?"

그의 대답은 잠시의 망설임도 없이 단호하다.

"아니! 한국이 후회하겠지."

"한국에서 제일 잘 했다고 생각되는 게 무엇이세요?"

"한국에서? 힘들었죠. 힘들었지. 그런데 돌이켜보면 다 잘 했다라고 생각이 들어요."

그의 목소리에 힘이 들어갔다.

"내가 지금 다시 그 모든 것을 한다면 할 수 있을까요? 간척지랑 치즈 만드는 거는 용기가 없어서 못할 거예요. 장학금은 돈이 없어 못하겠지요. 무지개가족도 자신이 없을 거예요. 그런데 그 때는 다 할 수 있을 거라 생각이 들었고, 사람들 안의 예쁜 것들이 너무 많아 그들의 눈을 보면 없던 힘도 생긴답니다."

성직자이기 때문이라고 치부하기에는 그의 살아온 나날들은 너무나도 대단하고 힘든 날들이 많았다. 보통의 사람이라면 금세 포기하고 말 것들이 있다.

그가 시작했고, 함께 했던 모든 것들이 이제는 자율적으로 잘 돌아가고 있다.

임실치즈협동조합은 지정환 신부의 이름을 사용할 수는 없었지만, 임실치즈피자라는 피자 체인사업을 실시하여 임실치즈의 상품성 하나만으로 자체적인 피자 체인을 운영하

> "내가 지금 다시 그 모든 것을 한다면 할 수 있을까요? 간척지랑 치즈 만드는 거는 용기가 없어서 못할 거예요. 장학금은 돈이 없어 못하겠지요. 무지개가족도 자신이 없을 거예요. 그런데 그 때는 다 할 수 있을 거라 생각이 들었고, 사람들 안의 예쁜 것들이 너무 많아 그들의 눈을 보면 없던 힘도 생긴답니다."

기 시작했다.

그리고 임실치즈피자의 상표가 범람하였기 때문에 임실에서만 생산되는 치즈를 사용하는 피자에만 임실치즈 피자를 사용할 수 있게끔 임실치즈피자를 2000년 5월 10일 특허청 서비스표로 출원하였고, 2001년 12월 10일 임실치즈 피자 특허청 서비스표 등록을 하였다. 임실치즈협동조합은 날로 커지게 되었고, 2007년 7월 1일 임실농협중앙회로 통합되었다.

특히 다른 치즈 체인과 차별성을 두기 위해 임실에서 직접 생산하는 치즈를 사용한다는 것을 강조하였고, 임실치즈의 역사를 바탕으로 마케팅을 시작하였다. 특히 대부분 피자 업체들이 피자 도우를 만들 때 밀가루를 사용한다는 점과 차별을 두기 위해 100% 임실에서 나는 쌀을 이용한 피자 도우를 사용하였다. 이는 한국인의 입맛에 적중하며 입소문을 타기 시작했다. 이를 통해 임실치즈의 생산성과 공급률을 올려 수입을 증대시켰고, 쌀의 소비를 증가시켜 농가의 수입을 증가시켰다. 시대가 변할수록 쌀의 소비가 줄어드는 것을 이용하여 쌀의 소비를 증가시킨 것이다. 임실의 두 번째 기적을 일으켰다.

지정환 신부의 이름과 초상권을 사용하는 지정환피자도 임실치즈로 만든 피자 체인을 처음으로 운영한 노하우를 바탕으로 맛과 품질에서 차별성을 두며 성장해 가고 있다. 특히 임실치즈의 탄생과 지정환 신부의 박애정신을 밑거름 삼아 함께 발전하고 있다.

또한 임실치즈는 임실이라는 천형적인 지형을 이용한 우량 젖소를 방목하여 키우기 때문에 더없이 신선한 우유를 생산하고 그를 이용하여 치즈를 만들어 낸다. 더욱이 60년대부터 시작된 치즈 생산 노하우를 바탕으로 그 어떤 자연 치즈보다 신선하고, 고품질의 치즈를 생산해 내고 있는 것이 임실의 자랑이 되었다.

또한 21세기에 맞게 새로이 단장하여 임실치즈농협 측의 대규모 유가공 산업뿐만 아니라 임실치즈농협의 단점을 극복하여 농가형 유가공 업체가 등장하였다. 이것이 바로 (주)

숲골유가공이다. (주)숲골유가공(2011년 맛누리로 상호를 변경하였으나 이 글에서는 소비자에게 좀 더 친숙한 숲골이라는 명칭을 사용함)은 김상철이 스위스 치즈 학교에 가서 연구하여 임실로 와 운영하는 것이다. 특히 2006년 유기농 바람이 불기 시작하면서 전제품을 유기농으로 생산해 내고 있는 숲골, 이플, 대한목장 등 젊은 세대와 아기를 키우는 엄마들의 입소문을 타기 시작하면서 판매량이 급증하였다.

숲골 우유와 요구르트는 어느덧 서울의 주요 호텔과 백화점에서 잘 팔리는 상품이 되었고, 사람들은 유기농 요구르트 하면 숲골을 떠올릴 만큼 그 인지도를 상승시켰다.

젊은이들과 지정환 신부가 처음 치즈 산업을 시작하였듯 모두가 마다하는 1차, 2차 산업에 젊은이가 뛰어 들어 21세기에 맞는 농가형 유가공을 성공시켰던 것이다.

지정환 신부가 손을 떼고 임실치즈가 자율적으로 발전하여 지역의 특산물이 되었다면, 무지개가족은 4명의 장애인 가족과 시작했던 것이 이제는 천주교 전주교구 산하로 들어가 좀 더 체계적으로 규모있게 운영되고 있다. 무지개가족은 장애인이라고 하여 세상과 하늘을 원망하는 것이 아니라 무지개가족의 일원이 되어 서로의 언니와 오빠, 동생으로 살아가며 그러한 고통이 자신만의 것이 아님을 깨닫고 가족으로서 서로를 위하는 따뜻한 마음을 공유하는 곳이다. 그리고

간질에 걸린 장애인이 9개월에 걸쳐 십자수로 만든 지정환 신부의 초상화

2002년 호암상 사회봉사상 수상식

지정환 신부가 살고 있는 '별 아래' 집

사제 50주년을 맞은 지정환 신부

2007년 3월 무지개장학재단 장학금 전달식

갈 곳이 없어 최후에 들어오는 곳이 아니라 새로운 시작을 하기 위해 들어오는 곳이다. 처음 시작은 단 몇 명이었으나 이제 많은 이들이 무지개가족을 찾아와 가족이 되고, 스스로를 사랑하는 법을 배우며 미래를 설계하며 무지개가족을 떠난다.

작은 것이 큰 결과를 얻는 경우가 있듯이 무지개가족을 떠난 이들은 종종 새로운 공동체를 만들어 생활하는 기적도 만들어 낸다. 하반신 마비 장애인이 무지개가족에서 희망을 얻어 나가 매듭 공예 기술로 돈을 벌며 다른 대여섯 명의 중증 지체장애인을 돌보며 생활하기도 한다. 좋은 일이 더 좋은 일을 낳듯이 무지개가 다른 무지개를 낳고 있다.

현재 무지개가족은 지정환 신부 은퇴 후에 양석현 신부가 담당하고 있다.

장학금 재단도 돈이 모자라 재단을 설립하지도 못할 뻔 했으나 이제는 매해 20~30명의 장학생들을 뽑아 장학금을 지급하고 있다. 여기서 장학금을 받은 청소년들도 차별 없이 공부할 수 있는 혜택을 받으며 사회에 나아가 다시 무지개를 만들고 있다.

늘 시작은 작았다. 바라는 것도 없었다. 그저 이 사람들의 삶에 변화가 있기만을 바랄 뿐이었다. 부안이, 임실이, 무지개가족이, 장학재단이 전부 그러했다.

> 복음주의 기독교인이라면 500여 년 동안 종교에서 종교인들과
> 함께 한 기장운동 같다. 그는 환상이 그름, 종교 전 종교 공개하고
> 듣 이야기 들다. 기장운동 사기들, 무시며 기초 사시들,
> 장로든 개신에서 장형들은 한상들에서 이제 이 드는 모든 이들을
> 기장운동 함수이다, 동안에 잘 알인 기장이다.
> 500여 년 누구기를 하신에 다섯해법에 듣기 있는 채 한 고라다.

## 내 영혼은 하국인, 하지만 난 그

**운동하고**

1959년 결혼식 직후 조총련에 의해 1961년 북한으로 집단 이주시키려던 북한의 북송사업 때문에 마지막 열차의 탑승권을 받았던 장성자씨는 출발 직전에 취소를 받고 결혼을 택했다. 그리고 그는 세계 수영권 대회 지도원 임명에 월북을 준비하였다가 1964년에 다시 결심하여 조총련에 입적하여 평양의 주체사상과 김일성에 복종하였다. 그리고 그는 인민문화를 운동에 합류하였다. 그는 1967년 중 평양의 수영팀과 지도원을 자임하였고 김일성 생애에도 맞추어 다수의 평양 기도교를 설립하였다. 조총련의 평양에 김일성의 상징적인 내용들을 가지게 된 이가 바로 장성자씨에, 평양인들로 지정된 것이다.

다른 한경청의 경위 이름으로 1981년 배기에 들어가 질을 받고 1983년 옥등에 마지막 장에인 모두 라이 필요으로 돋보였다. 1984년 장에인 공중체 맞기가 동이 일어나 질에 장에인 정에에 들에게 많은 지원을 했다.

간혹 사람들이 대단하다, 공로가 크다고 이야기 하곤 한다. 하지만 그럴 때마다 그는 고개를 절래 절래 흔들며 항상 똑같은 말을 한다.

"내 공로는 아무것도 없습니다. 다만, 더 못해서 아쉽습니다."

국내 최초 임실치즈공장을 세워 지역 경제를 활성화하고, 중증장애인을 위해 헌신한 지 신부의 공로를 높이 산 전북대는 2003년 그에게 명예농학박사 학위를 수여했다. 그 당시 소감에서도 그는 똑같은 말을 했다.

사람들을 위해 늘 기도했다. 힘없는 사람들, 아픈 사람들, 고통스러운 사람들을 위해 자신이 솔선수범하여 앞에 나아가고, 그리고 항상 기도했다. 그의 간절한 기도가 어쩌면 하느님께 전달이 되었을지도 모르겠다.

"내가 만약 지금 다시 사제 서품을 받던 20대로 돌아간다면, 이번에는 한국이 아니라 아프리카로 가고 싶습니다. 내가 처음 한국을 선택했을 때는 아프리카보다 한국이 더 가난했습니다. 그래서 나는 한국을 택했지요. 그러나 지금 한국은 발전했고, 아프리카는 그때보다 훨씬 가난해졌습니다. 한국이 이처럼 발전하게 된 원동력이 교육이었듯 이번에는 아프리카로 가서 그들에게 배움의 기회를 주고 싶습니다."

한국에서의 55년. 그의 인생 중 반 이상을 한국에서 한국인들과 함께 했다. 슬플 때나 기쁠 때나 언제나 함께 했다. 누군가에게 그가 희망을 주었다면 이제 그 희망을 받은 다른 누군가가 또 다른 이에게 희망을 전하고 있다.

우리는 지금 그가 만들어낸 결과를 보고 이야기 한다. 결과를 보고 쉽게 이야기 할 수는 있다. 하지만 그 과정은 보통 사람이었다면 힘들었을 일일지도 모른다. 게다가 그는 한국인이 아니라 벨기에인이다. 한국인조차도 외면한 일들도 앞서 해 냈다. 그가 사제여서라기 보다는 그의 아름다운 열정과 나눔의 미학이 함께 공존할 수 있어서 그러할 것이다.

그는 여전히 벨기에 국적을 가진 벨기에인이지만, 동시에 이제는 피자에도 망설임 없이 김치를 더해 먹는 한국인이다. 그리고 그는 오늘도 똑같이 이야기 한다.

"한국은 나의 고향입니다. 여기에는 나의 가족이 있습니다. 치즈공장가족, 무지개가족, 장학재단 가족 등 나에게는 수많은 가족이 있습니다. 그래서 난 행복한 사람입니다. 한국에서의 모든 일을 모두 잘 시작했고, 결국은 잘 했다고 생각합니다. 그래서 난 또 행복한 사람입니다."

언제나 자신보다는 그 누군가를 먼저 생각했던 지정환. 무지개를 좀 더 높고, 아름답게 띄우기 위해 비난도, 오해도, 역경도 모두 이겨냈다. 하지만 이제 그에게는 무지개를 함께 띄우는 또 다른 가족들이 있다. 하느님은 지 신부에게 어떤 응답을 해 주실까? 하지만 그를 아는 모든 이들은 지정환 신부에게 늘 이렇게 얘기한다.

"고맙습니다. 지정환 신부님!"

많은 이들에게 감사의 마음과 따뜻한 마음을 전파하고 있는 지정환 신부. 늘 누군가에게 희망을 안겨주는 그는 비록 몸은 불편하지만 오늘도 그 무엇을 위해 한 걸음씩 나아가고 있다.

> 디디에 세스테벤스, 지정환!
> 그는 벨기에 국적을 가진 벨기에인이지만, 이제는 피자에도 김치를 먹는 한국인이다. 자신의 한 공로는 아무것도 없다며 더 못한 것이 아쉽다는 지정환 신부. 그는 무지개를 띄운다. 그리고 이제 그가 띄운 무지개들이 또 다른 무지개를 띄우며 아름다움을 퍼트리고 있다.

# 지은이 소개

**박선영**
woonbee01@hanmail.net

---

고려대 정치학 석사
이화여대 정치외교학과 박사 수료

現 명인문화사 대표

『그녀들은 무엇이 다른가: 세계여성지도자』 공동저자
『나는 무엇이 될까: 열려있는 job 스토리』 편집인